Meine Sonnenküche

Mediterrane Rezepte von *Virginie Besançon*

Hölker Verlag

© 2006 Uitgeverij Terra Lannoo BV für die Originalausgabe

Titel der Originalausgabe: „Mijn keuken van de zon"

Übersetzung aus dem Niederländischen von Birgit van der Avoort

www.lannoo.com

Text: Alex Groothedde, Amsterdam

Übersetzung, Rezept-Bearbeitung und Styling:

Stephanie Rammeloo, DreamBoat, Amsterdam

Fotos: Anna de Leeuw, Amsterdam

Konzept: Sanne Dirkzwager, Strawberryblonde, Amsterdam

Satz: Scanprofile, Oisterwijk

Druck und Bindung: Printer Trento, Trento (Italien)

Für die deutsche Ausgabe:

5 4 3 2 1

ISBN 978-3-88117-763-9

Redaktion: Christiane Leesker

Typographie: Christiane Leesker; Joachim Klein, Klein & Koch Gestaltung

© 2008 Verlag W. Hölker GmbH, Münster

C à grain

La cuisine végétarienne
de
Virginie
Besançon

Inhalt

»

Jeden Tag schmecke ich die Sonne...

In der sonnenverwöhnten Gegend, in der ich wohne, im Süden der Haute-Provence, gedeihen Obst, Gemüse und Kräuter besonders üppig. Ich liebe ihren vollen Geschmack. Ich liebe die Natur und den Wechsel der Jahreszeiten. Daher übt Gemüse der jeweiligen Saison eine besondere Anziehungskraft auf mich aus. Es bildet die Grundlage meiner mediterranen Küche, der Sonnenküche.

Am liebsten koche ich für Freunde und Familie, das gibt mir das Gefühl, ihnen ein ganz persönliches Geschenk zu machen. Und vielleicht noch weit mehr, denn sie ihrerseits begrüßen meine vegetarischen Gerichte als willkommene Abwechslung zu Fleisch- und Fischmahlzeiten. Sie erzählen mir, dass meine Rezepte ihre Freude am Essen steigere. Diese Freude und Inspiration möchte ich mit meinem Kochbuch auch an andere weitergeben.

Ich bin Schlemmerin und Feinschmeckerin, ich liebe es, Aromen zu vergleichen. Als ich noch ein Kind war, weckte meine Oma die Liebe zu gutem Essen in mir. Ich erinnere mich noch genau: Mein Opa und meine Cousins waren oben in den Bergen Pilze sammeln; meine Oma, meine Cousinen und ich blieben zurück, um Brombeeren zu pflücken. Am folgenden Morgen durfte ich Omas frisch gebackene Brombeertorte probieren. Den Geschmack habe ich heute noch auf der Zunge.

Eine Ausbildung zur Köchin habe ich nicht gemacht, sondern, wie andere Autodidakten auch, alles, was mich interessierte, gierig aufgesogen. In erster Linie lernte ich dadurch, dass ich jene Meisterköche beobachtete, die ich von klein auf bewunderte: meine Freunde Anne und André, Yves und Dominique, Pierre, Christine und Dora. Sie erst haben mich gelehrt, zu schmecken und gute Zutaten zu würdigen. Sie ließen mich fremde Aromen kosten und lehrten mich, Kräuter und Düfte auseinanderzuhalten. Ich erfuhr, wie herrlich die

Alchemie des Kochens ist. Und ich begann, die provenzalische Küche wegen ihres Überflusses an Gemüsesorten und Olivenölen sowie der Mischung feiner Aromen immer mehr zu mögen. In der Provence vermengen sich verschiedene Kulturen: die französische, italienische, nordafrikanische, korsische und spanische. Ich entdeckte die mediterrane Küche als Kind durch eine tunesische Frau, die fast jeden Tag auf meine Schwester und mich aufpasste. So kam ich früh in meinem Leben in den Genuss von Couscous, Tajines, Bricks und anderer Leckereien.

Von 1992 an habe ich alle Rezepte in einer Schreibkladde notiert. Damals war ich völlig in das Künstlerleben von Paris eingetaucht, wo ich Bildende Kunst studierte. Während meines Studiums arbeitete ich als Kostümiere an der Pariser Oper, an der Comédie Française und für kleine Ensembles. Ich träumte davon, Kostümbildnerin an der Oper zu werden. Dann begegnete ich einer Theatergruppe, die mich bat, ihre Mahlzeiten zuzubereiten. Schon bald freundeten wir uns an, und wann immer es nötig war, entwarf ich Kostüme für ihre neuen Stücke.

In Paris begann ich, die Natur und den Wechsel der Jahreszeiten immer mehr zu vermissen. Ich wurde in Foix geboren, einem Städtchen südwestlich von Toulouse, dort hatte ich immer die Weite der Umgebung genossen. Das besondere Licht der Provence, wo ich von Zeit zu Zeit meine Ferien bei Freunden verbrachte, zog mich immer stärker an.

Heute lebe ich am Rand des Dörfchens Mane, ungefähr eine Stunde von Aix-en-Provence entfernt. Mane liegt zwischen zwei Gebirgszügen, der Montagne de Lure, der Heimat des Schriftstellers Jean Giono, und dem Lubéron, der für seine malerischen Dörfer bekannt ist. Ein wunderschönes Fleckchen Erde. Ich genieße das Licht und die Landschaft und, wann immer ich die Zeit finde, besuche ich die Märkte der umliegenden Dörfer und Städte mit ihren vielen Aromen, Düften und Farben. Ich finde es herrlich, durch Aix-en-Provence zu laufen, über den Cours Mirabeau zu bummeln, oder beim Kaffee den Leuten nachzuschauen, die vorbeigehen.

Von dem Moment an, als ich hierher zog, begann ich, Kochen zu meinem Beruf zu machen. Erst kochte ich Menüs für Hochzeiten und Geburtstage, dann auch für Museen und andere Institutionen, für Vernissagen und Konzerte. Nach und nach wurde ich bekannter und arbeitete schließlich drei Jahre lang als Chefköchin in einem Restaurant in Forcalquier. Schnell entdeckte ich auch die aromatischen und heilenden Pflanzen, die früher auf dem Land viel Verwendung fanden und in dieser Gegend üppig wachsen.

Ich versuche, in möglichst enger Verbindung mit der Natur zu bleiben und bei dem, was die Erde uns bietet. Darum kaufe ich meine Produkte bei Kleinbauern, die dem natürlichen Kreislauf der Jahreszeiten folgen – am liebsten bei Biobauern, die die Umwelt respektieren.

Im gewissen Sinne habe ich die Kräuter neu entdeckt. Die bürgerliche französische Küche hat lange Zeit den Reichtum von Pflanzen und Kräutern negiert und stattdessen Butter-, Sahne- und Fleischsaucen den Vorzug gegeben. Wenn sie gut zubereitet sind, sind dies herrliche Gerichte, aber sie sind schwer verdaulich. Und gesund sind sie auch nur bedingt.

Um wirklich gesund zu essen, ist es wichtig, das Kochen neu zu lernen und reichlich Obst, Gemüse, Getreide und andere essbare Pflanzen zu verwenden. Dafür muss ich nicht zur Vegetarierin / zum Vegetarier werden. Jeder Feinschmecker, der ein gutes Essen zu schätzen weiß, wird das bestätigen. Ich hoffe, dass mein erstes Kochbuch eine neue Art des Kochens fördert. Das wäre mein größter Wunsch. Diese Rezepte sollen Ihnen Herz und Geist für eine andere Art des Essens und Genießens öffnen.

Virginie Besançon

Die Zartheit von Blüten und Rucola

Wir haben das Glück, dass bei uns in der Provence schon früh im Jahr, im Februar oder März, die Mandelbäume blühen. Auch wenn wir dann noch Winterjacken tragen, wissen wir, dass der Frühling schon in der Luft liegt. Wenn ich mit Freunden an den Mandelbäumen vorbeifahre und wir die ersten Blüten sehen, erklingt immer ein „Ah!". Eifrig überprüfen wir, ob neue Blüten hinzugekommen sind. Aber es wird erst richtig Frühling, wenn der Flieder wieder duftet ...

Picknicken hat in unserer Gegend Tradition. Meist fahre ich mit Freunden ein Stück Richtung Süden, dorthin, wo der Mistral nicht weht und es etwas wärmer ist. Manchmal genießen wir das Picknick nur zehn Meter vom Auto entfernt, dann wieder packen wir die Rucksäcke und machen zuerst eine lange Wanderung. Im Frühjahr wächst das Gemüse wieder im Überfluss, und ich kann frische grüne Bohnen, Spargel, junge Erbsen, Möhren und Rüben genießen. Und jedes Frühjahr sieht man wieder Menschen mit Körben über die Wiesen ziehen, um das junge Grün von Löwenzahn, Pimpernelle und wildem Rucola zu pflücken. Damit lassen sich viele herrliche Salate zubereiten, die zudem sehr gesund sind.

Fèves à la fleur de sel
Dicke Bohnen mit Fleur de Sel

Für 4 Personen
15 Minuten

400 g frische
dicke Bohnen
Meersalz, vorzugsweise
Fleur de Sel oder
Sel gris de Camargue
Olivenöl
frisch gemahlener
schwarzer Pfeffer

Das Fleur de Sel wird in Salzpfannen gewonnen, die in der Sonne trocknen. Es ist das feinste und reinste Salz, daher auch die Bezeichnung „fleur", was Blume bedeutet. In der Provence wird der Frühling meist mit Gemüsesorten in Verbindung gebracht, die in dieser Zeit frisch angeboten werden, wie etwa den dicken Bohnen. Diese werden oft zum Aperitif gereicht, zusammen mit Kichererbsenfladen (Rezept S. 128), Olivenbrot (Rezept S. 38) und natürlich einem Glas kühlem Pastis.

Dicke Bohnen auspalen und für etwa 5 Minuten in Salzwasser kochen. Die abgegossenen Bohnen in einer Schüssel mit eiskaltem Wasser abschrecken, damit sich die Haut besser ablösen lässt. Die Bohnenkerne häuten, auf einem schönen Teller anrichten und mit Meersalz, Olivenöl und frisch gemahlenem Pfeffer bestreuen.

Beignets de légumes
Gemüse-Beignets

Für 4 Personen
20 Minuten
+ 1 Stunde Ruhezeit

Für den Bierteig:
125 g Mehl
1 Ei
100 ml Bier
1 TL eiskaltes Wasser
1 TL Salz

Für die Füllung:
12 Zucchiniblüten,
gereinigt
20 Zuckerschoten,
geputzt
1 Zucchini
(wahlweise 1 Aubergine),
in Scheiben geschnitten
1 Handvoll frische
Kräuter, z. B. Basilikum,
Petersilie oder Estragon

Außerdem:
Fett zum Ausbacken

Für dieses Rezept werden Gemüsesorten verwendet, die vor allem im Frühling bis in den Sommer hinein geerntet werden. Das Gericht kann jedoch das ganze Jahr hindurch mit Gemüse der jeweiligen Saison zubereitet werden.

Für den Bierteig die Zutaten mit dem Mixer verrühren und für 1 Stunde abgedeckt an einem kühlen Ort ruhen lassen. Das Ausbackfett erhitzen, bis an einem hineingehaltenen Holzlöffel Bläschen aufsteigen. Das für die Füllung vorbereitete Gemüse Stück für Stück durch den Bierteig ziehen und im heißen Fett ausbacken. Sobald das Gemüse knusprig und goldbraun ist, herausnehmen und auf Küchenpapier abtropfen lassen. Auf einem Teller im auf 50 °C vorgeheizten Backofen warm halten. Die frischen Kräuter ohne Teig etwa eine Minute frittieren, bis sie schön grün und glasig werden. Das frittierte Gemüse auf einer Platte anrichten, mit den frittierten Kräutern garnieren und lauwarm oder warm servieren. Genau wie Pommes frites können Sie das Gemüse auch vorbacken und kurz vor dem Servieren noch einmal frittieren. Dann ist es besonders knusprig.

Rohkost der Saison mit vier Dips

Eine originelle und leichte Knabberei zum Aperitif, die von der typisch provenzalischen Aïoli inspiriert ist: Rohkost, die mit einem Püree aus getrocknetem Kabeljau und Knoblauchmayonnaise serviert wird. Das Gemüse für dieses Rezept in Stifte und Scheiben schneiden und mit den verschiedenen Dips reichen. Farben und Geschmack können Sie beliebig variieren.

Für 6 Personen
15 Minuten

Verschiedene rohe Gemüsesorten der Saison auswählen, z. B. Fenchel, Möhren, Schwarzwurzeln, Brokkoli, Artischocken, Romanesco und Rüben. Gemüse putzen bzw. schälen und in dekorative Stifte oder Scheiben schneiden. Auf einer großen Platte anrichten und die Dips dazustellen.

Tapenade

Schwarze Olivenpaste

Für 1 Schälchen
5 Minuten

Oliven, Knoblauch, Kapern und etwas Olivenöl im Mixer pürieren. Nach und nach Olivenöl dazugeben, bis eine cremige Paste entstanden ist. Thymianblättchen unterrühren.

»

200 g entsteinte schwarze Oliven
2 Knoblauchzehen, geschält
1 gehäufter TL Kapern
Olivenöl
1 TL frischer Thymian

Fromage frais aux herbes
Frischkäse mit Kräutern

Für 1 Schälchen
5 Minuten

Schafskäse, Schnittlauchröllchen und Olivenöl mit einer Gabel mischen. Nach Geschmack mit Salz und Pfeffer würzen.

125 g frischer Schafskäse
2 Schnittlauchstängel,
in feine Röllchen
geschnitten
1 EL Olivenöl
Salz und frisch
gemahlener Pfeffer

Aïoli
Knoblauchmayonnaise

Für 1 Schälchen
10 Minuten

Eigelb, Senf und durchgepressten Knoblauch mit dem Schneebesen verrühren. Unter ständigem Rühren Sonnenblumen- und Olivenöl zu gleichen Teilen erst tröpfchenweise, dann im dünnen Strahl nach und nach zugeben, bis eine dicke Mayonnaise entstanden ist.

1 Eigelb
1 EL Senf oder
Mandelmus
2–3 Knoblauchzehen,
geschält und durch-
gepresst
Sonnenblumenöl
Olivenöl

Sauce aux noix
Walnussdip

Für 1 Schälchen
10 Minuten

Walnüsse, Knoblauchzehe und Oregano im Mixer zu einer cremigen Sauce pürieren, Sonnenblumen- und Olivenöl nach und nach dazugießen. Mit Salz und Pfeffer würzen.

2 EL Walnusskerne,
fein gehackt
1 Knoblauchzehe,
geschält
1 EL Oreganoblättchen
Sonnenblumenöl
Olivenöl
Salz und frisch
gemahlener Pfeffer

Pissaladière

Provenzalischer Zwiebelkuchen

Pissaladière ist ein Kuchen mit glasierten Zwiebeln auf einem Boden aus Olivenölteig. Die Bewohner der Provence essen ihn zum Aperitif – mit einem Glas kühlem provenzalischem Rosé. Traditionell wird das Gericht mit Sardellenfilets belegt. Hier ist eine Variante ohne Fisch.

Für den Belag die Safranfäden in kochendem Wasser einweichen. Die Zwiebeln in einer Pfanne mit dem Olivenöl bei mittlerer Hitze anschwitzen. Honig und Zucker hinzugeben und mit Salz und Pfeffer würzen. Zwiebeln etwa 40 Minuten dünsten, bis sie glasig sind. Nach etwa 30 Minuten den eingeweichten Safran samt dem Wasser unterrühren und die Masse einkochen lassen. Die Zwiebeln von der Herdplatte nehmen, wenn sie eine goldgelbe Farbe angenommen haben, aber noch schön saftig und feucht sind. Je nach Geschmack noch etwas Salz zufügen.

Während die Zwiebeln schmoren, den Backofen auf 225 °C vorheizen. Für den Teig alle Zutaten mit 1/4 Liter Wasser in eine Schüssel geben und mit einem Holzlöffel verrühren, bis sie sich zu einer Kugel formen. Den Teig abdecken und 15 Minuten an einem warmen Ort gehen lassen. Den Teig zu diesem Zeitpunkt möglichst wenig berühren, er ist noch sehr empfindlich.

Den Olivenölteig auf einer mit Mehl bestäubten Fläche ausrollen und ein gefettetes, ebenfalls mit Mehl bestäubtes Backblech damit auslegen. Den Teig einige Male mit einer Gabel einstechen und das Zwiebelgemisch darauf verteilen. Mit Oliven belegen und anschließend 20 Minuten im vorgeheizten Ofen backen, bis die Zwiebeln schön durchgeschmort und goldbraun sind. Der Zwiebelkuchen wird lauwarm oder kalt gegessen.

Für 8 Personen
1 Stunde +
20 Minuten Backzeit

Für den Belag:
einige Safranfäden
100 ml kochendes
Wasser
1 kg Zwiebeln, geschält
und in Ringe geschnitten
1–2 EL Olivenöl
1 EL Honig
1 EL Zucker
Salz und frisch
gemahlener Pfeffer
12 entsteinte kleine
Oliven aus Nizza oder
andere schwarze Oliven

Für den Teig:
250 g Mehl
110 ml Olivenöl
1 TL Trockenhefe
2 TL Salz
1 Prise frisch geriebene
Muskatnuss

Außerdem:
Mehl zum Bearbeiten
Mehl und Fett für
das Blech

Confiture d'oignon
Zwiebelkonfitüre

Für 2 Gläser
5 Minuten +
1 Stunde Kochzeit

750 g Zwiebeln,
geschält und in dünne
Ringe geschnitten
150 g Honig
4–6 EL Balsamico-Essig
2 EL Rosinen
1 EL Koriandersamen

Außerdem:
2 saubere Twist-off-Gläser

Die Zwiebelkonfitüre schmeckt am besten mit Ziegenfrischkäse auf geröstetem Landbrot.

Alle Zutaten in einen weiten Topf mit dickem Boden geben und bei geringer Hitze 40 Minuten köcheln lassen. Wenn die Zwiebelringe schön durchsichtig und gar sind, aber noch zu viel Flüssigkeit im Topf ist, die Zwiebeln herausnehmen und die Flüssigkeit zu einem dicken, sämigen Sirup einkochen. Danach die Zwiebeln wieder hinzufügen und bei Bedarf noch mit etwas Honig oder Essig abschmecken, bis die Mischung schön süßsauer schmeckt. Die Zwiebelkonfitüre in die vorbereiteten Gläser füllen, Deckel gut verschließen und abkühlen lassen. Die Konfitüre dunkel und kühl aufbewahren.

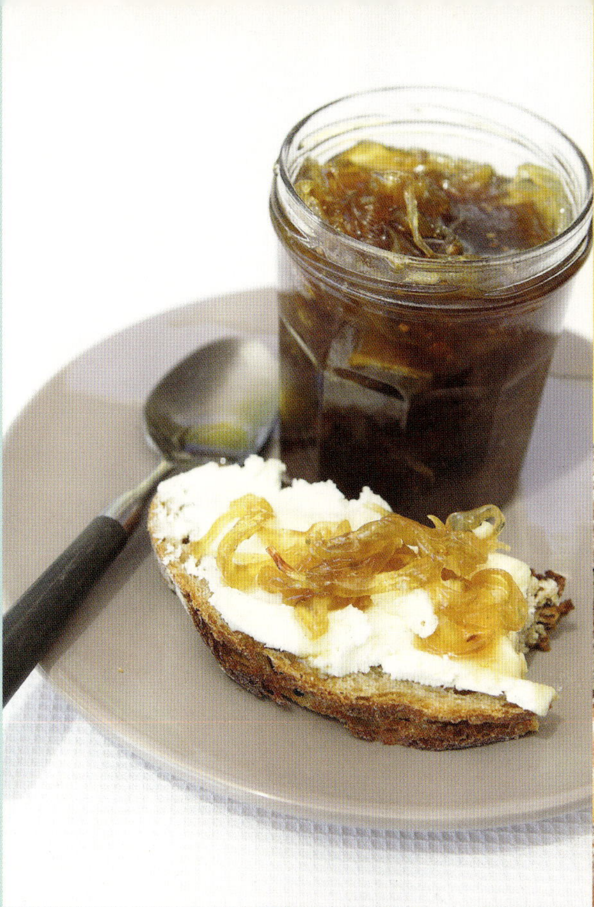
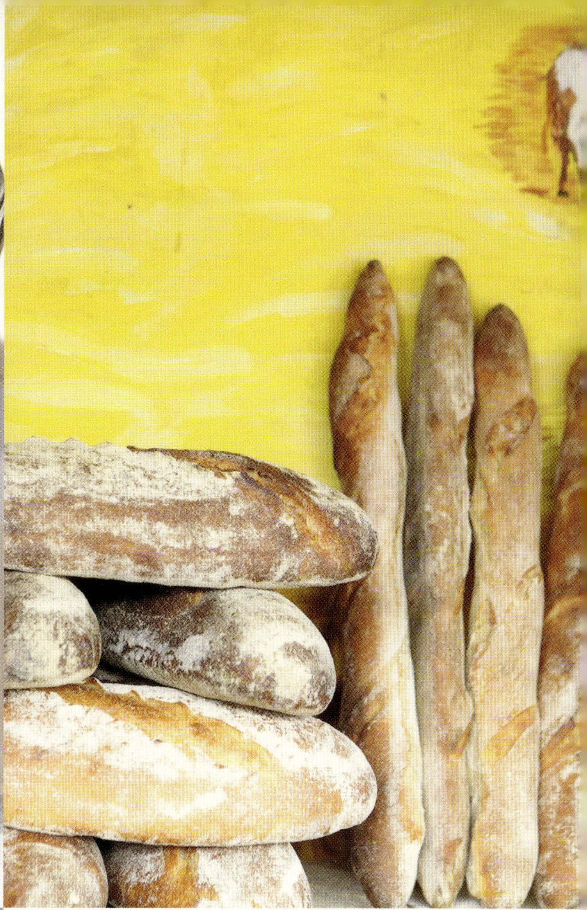
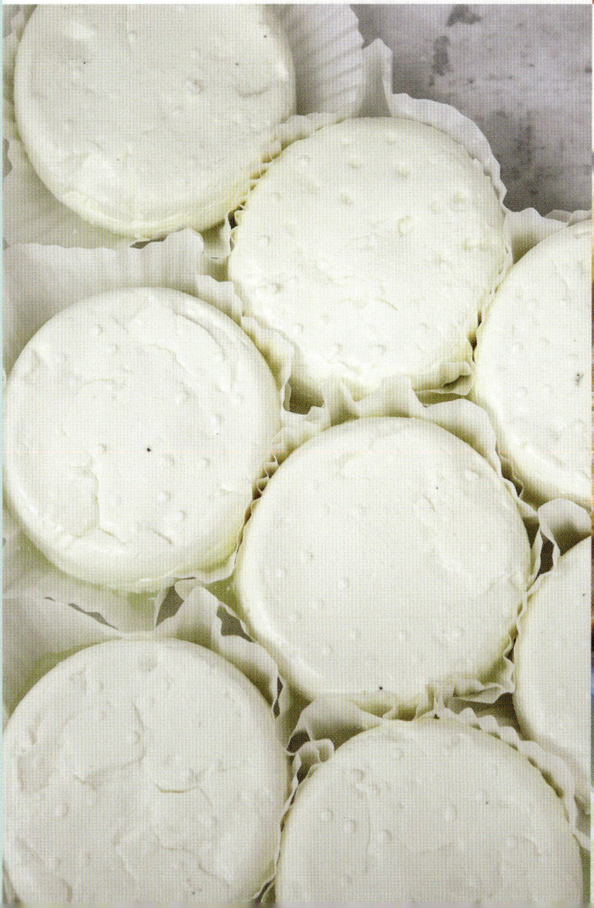
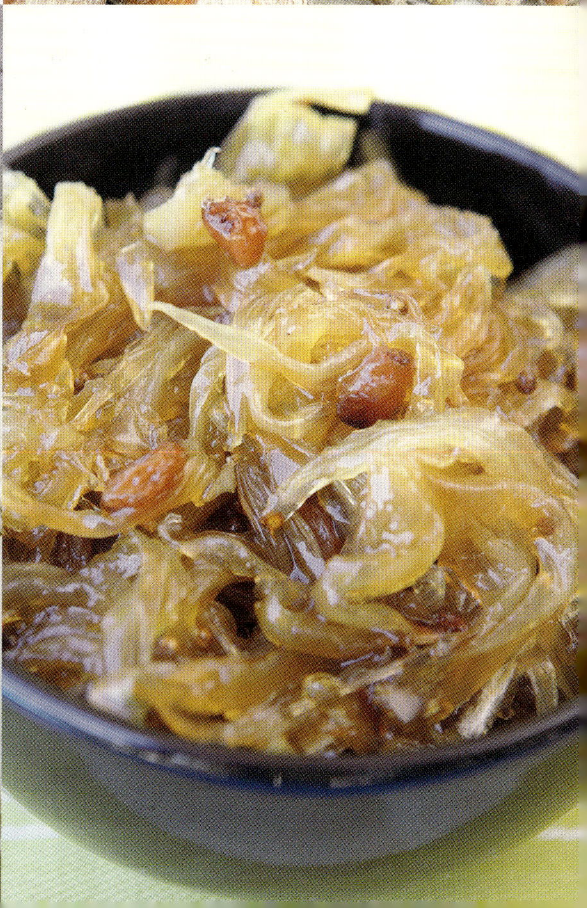

Fougasse aux olives
Olivenbrot

Für 4 Personen
20 Minuten +
90 Minuten Ruhezeit +
20 Minuten Backzeit

300 g Mehl
6 g Trockenhefe
3 EL Olivenöl
2 TL feines Meersalz
1/2 TL frisch gemahlener
schwarzer Pfeffer
3 TL feiner Kristallzucker
100 g entsteinte
schwarze Oliven, in Ringe
geschnitten
Mehl zum Bearbeiten

Fougasse ist ein Brot aus einem Teig mit Olivenöl, unter den schwarze Oliven geknetet werden. Das Gericht sollte bei keinem provenzalischen Aperitif fehlen.

Das Mehl in eine große Schüssel sieben, in die Mitte eine Mulde drücken und Hefe, 150 Milliliter Wasser, Olivenöl, Salz, Pfeffer und Zucker hineingeben. Alles miteinander verkneten. Den Teig auf einer mit Mehl bestäubten Arbeitsfläche 15 Minuten gut durchkneten. Zur Kugel formen, in eine tiefe Schüssel legen und mit einem sauberen, feuchten Küchentuch abdecken. Den Teig 1 Stunde an einem warmen Ort oder im Backofen bei 25–30 °C gehen lassen, bis er sein Volumen verdoppelt hat. Aus der Schüssel nehmen und 5 Minuten zusammen mit den Oliven durchkneten. Den Teig auf einer mit Mehl bestäubten Arbeitsfläche mit der Faust in eine längliche Form bringen. Mit einem scharfen Messer dreimal schräg einschneiden. Den Laib abdecken und weitere 10 Minuten gehen lassen. In der Zwischenzeit den Backofen auf 225 °C vorheizen. Das Brot 20 Minuten backen. Ein Schälchen mit Wasser unten in den Backofen stellen, damit das Brot nicht austrocknet. Wenn es gar ist, aus dem Ofen nehmen und auf einem Kuchengitter abkühlen lassen.

Tartelettes aux tomates cerises
Kirschtomaten-Tartelettes

Für 4 Personen
10 Minuten +
15 Minuten Ruhezeit +
20 Minuten Backzeit

Für den Teig:
250 g Mehl
110 ml Olivenöl
1 TL Trockenhefe
2 TL Salz
1 Prise frisch geriebene
Muskatnuss

Für den Belag:
24 Kirschtomaten
Salz und frisch
gemahlener Pfeffer
2 EL brauner Zucker
Nadeln von 1 Stängel
Rosmarin

Außerdem:
Mehl zum Bearbeiten
Fett für die Förmchen
4 Tartelette-Förmchen

Alle Zutaten für den Teig mit 1/4 Liter Wasser in eine Schüssel geben und mit einem Holzlöffel gut verrühren, bis sich eine Kugel geformt hat. Abdecken und an einem warmen Ort gehen lassen. Den Teig möglichst wenig berühren, da er noch sehr empfindlich ist. Den Backofen auf 225 °C vorheizen. Den Teig aus der Schüssel nehmen, 5 Minuten kräftig durchkneten, auf bemehlter Arbeitsfläche ausrollen und 4 Kreise ausschneiden, die etwas größer sind als die Tartelette-Förmchen. Die gefetteten, mit Mehl bestäubten Förmchen damit auslegen und den Teig einige Male mit einer Gabel einstechen. In jedes Förmchen etwa 6 Tomaten legen, entweder ganz oder halbiert. Mit Salz, Pfeffer und Zucker würzen und mit Rosmarinnadeln bestreuen. Die Törtchen 20 Minuten backen. Dabei ein Schälchen mit Wasser unten in den Backofen stellen, damit der Teig nicht austrocknet. Die warmen Tartelettes zusammen mit einem knackigen Salat mit frischem Basilikum servieren.

Variante

Wenn es schnell gehen soll, ersetzen Sie den Olivenölteig durch Tiefkühl-Blätterteig.

Ziegenkäse mit Kräutern

Für 4 Personen
5 Minuten

4 kleine Ziegenfrisch-
käserollen
1 EL Schwarze Oliven-
paste (Rezept S. 25 oder
Fertigprodukt)
4 Schnittlauchstängel,
in feine Röllchen
geschnitten
1 EL Paprikapulver
1 EL Kräuter der Provence

Kleine Ziegenkäserollen mit Kräutern sind ein Genuss beim Picknick oder auf einem Buffet. Sie können Kräuter und Gewürze nach Geschmack variieren bzw. entsprechend der Jahreszeit auswählen.

Einen Käse quer halbieren. Die untere Hälfte mit Tapenade bestreichen, die obere Hälfte wieder aufsetzen. Einen zweiten Ziegenkäse rundherum mit den Schnittlauchröllchen bestreuen und andrücken. Das Paprikapulver in ein Schüsselchen geben und den dritten Ziegenkäse darin wenden. Kräuter der Provence auf einen Teller geben und den Rand des vierten Ziegenkäses einmal hindurchrollen. Alle 4 Käse zusammen dekorativ anrichten.

Asperges vapeur à la crème de chèvre frais
Gedünsteter Spargel mit Ziegenfrischkäse-Creme

Für 4 Personen
25 Minuten

800 g grüner Spargel
(ersatzweise weißer)
Salz
200 g Ziegenfrischkäse
oder Ricotta
Blättchen von 2 Stängeln
Estragon
1 TL Feigenessig oder
Apfelessig
2 EL frisch gepresster
Orangensaft
abgeriebene Schale
von 1/2 unbehandelten
Orange
frisch gemahlener Pfeffer

Dies ist ein aromatisches und herrlich frisches Spargelgericht für den Frühling.

Den Spargel abspülen und die unteren Enden abschneiden. (Weißen Spargel schälen.) Die Stangen in einen Dämpfeinsatz legen und in Salzwasser 15–20 Minuten kochen, bis sie, je nach Geschmack, bissfest oder weich sind.

In der Zwischenzeit den Ziegenfrischkäse mit Estragon, Essig und Orangensaft mit dem Mixstab pürieren. Den Spargel lauwarm auf einer dekorativen Platte servieren und mit Orangenschale und ein wenig Ziegenfrischkäse-Creme anrichten. Die restliche Ziegenfrischkäse-Creme in einem Schälchen separat dazu reichen.

Soupe glacée de concombre
Kalte Gurkensuppe

Für 4 Personen
10 Minuten +
6 Stunden Kühlzeit

2 Salatgurken, in Stücke
geschnitten
2 Becher Naturjoghurt
à 150 g
Blättchen von 1 Bund
frischer Minze
2 Knoblauchzehen,
geschält
10 geschälte Mandeln,
grob gehackt
Saft von 1 Zitrone
Salz und frisch
gemahlener Pfeffer
etwa 8 Minzeblätter zum
Garnieren

Gurken, Joghurt, Minzeblätter, Knoblauch, Mandeln und Zitronensaft mit dem Mixstab pürieren und mit Salz und Pfeffer würzen. Die Suppe für 6 Stunden zugedeckt in den Kühlschrank stellen. In dekorativen Glasschüsseln und mit Minzeblättern garniert servieren.

Soupe glacée de melon
Kalte Melonensuppe

Für 4 Personen
10 Minuten +
6 Stunden Kühlzeit

2 mittelgroße Melonen,
geschält und in Stücke
geschnitten
1 Schalotte, geschält
1 EL Pastis
Salz und frisch
gemahlener Pfeffer
2 Stängel Fenchel- oder
Anisgrün zum Garnieren

Melonenstücke, Schalotte und Pastis mit dem Mixstab pürieren und mit Salz und Pfeffer sowie eventuell noch etwas zusätzlichem Pastis abschmecken. Die Mischung für 6 Stunden zugedeckt in den Kühlschrank stellen. In dekorativen Schüsselchen und mit etwas Fenchel- oder Anisgrün garniert servieren.

Tomes de Chèv
démoulées
1,70 eur

Coulis de tomates

Tomatensauce

Für 1 Liter
55 Minuten

1 kg Flaschentomaten
3 EL Olivenöl
300 g Zwiebeln, geschält
und fein gewürfelt
3 Knoblauchzehen,
geschält und fein
gehackt
1 TL gehackter Oregano
1 Lorbeerblatt
1 Stängel Thymian
1 TL Currypulver
1 Msp. Piment
Salz und frisch
gemahlener Pfeffer
1 EL Zucker

Außerdem:
Saubere Twist-off-Gläser

Die Tomaten häuten. Dafür die Früchte an der Unterseite mit einem scharfen Messer kreuzweise einritzen und 1 Minute in kochendes Wasser legen. Herausheben und in kaltem Wasser abschrecken. Die Haut abziehen und die Tomaten in kleine Stücke schneiden, dabei den Stielansatz entfernen.
Olivenöl in einem großen Topf mit dickem Boden erhitzen. Zwiebeln und Knoblauch darin andünsten. Tomaten, Oregano, Lorbeerblatt, Thymian, Curry, Piment, Salz, Pfeffer und Zucker hinzufügen. Die Mischung etwa 45 Minuten köcheln lassen. Dann abschmecken und bei Bedarf noch etwas nachwürzen. Den harten Kräuterstängel und das Lorbeerblatt entfernen und die Sauce mit einem Mixstab pürieren. Die noch warme Sauce in die vorbereiteten Gläser füllen und gut verschließen.

Tipp

Die Sauce kann wahlweise auch eingefroren werden, dafür zuvor gut abkühlen lassen.

Papeton d'aubergine

Auberginen-Flan nach Art der Päpste

Dieser Flan ist eine Spezialität aus Avignon. Es wird überliefert, dass die Päpste, die damals in der Stadt ansässig waren, dieses schmackhafte Gericht als Delikatesse schätzten. Der Flan wird mit Auberginen zubereitet und mit einer kalten Tomatensauce serviert.

Für 4 Personen
1 Stunde

300–400 g Auberginen
Salz
Olivenöl
1 Zwiebel, geschält und
in Ringe geschnitten
2 Knoblauchzehen,
geschält und durch-
gepresst
1 TL Kräuter der Provence
frisch gemahlener Pfeffer
50 g Crème fraîche
2–4 Eier (3 Eier pro
500 g Gemüsemischung)
4 EL Tomatensauce
(Rezept S. 56)

Außerdem:
4 Souffléförmchen,
Ø etwa 8 cm

Den Backofen auf 180 °C vorheizen. Die Auberginen vom Stiel-ansatz befreien und grob würfeln. In einem großen Stieltopf Salzwasser zum Kochen bringen. Die Würfel 5 Minuten darin kochen, dann herausheben und abtropfen lassen. In einem Topf mit dickem Boden Olivenöl erhitzen, die Zwiebel darin andüns-ten. Durchgepresste Knoblauchzehen, Auberginen, Kräuter sowie etwas Salz und Pfeffer zufügen. Die Mischung etwa 10 Minuten köcheln lassen, bis sie gar ist. Die Masse in die Küchenmaschine füllen und zusammen mit der Crème fraîche pürieren. Danach auf der Küchenwaage wiegen: 3 Eier zugeben, wenn die Masse 1/2 Kilo wiegt, 2 Eier, wenn es etwas weniger ist, und 4 Eier, wenn sie etwas mehr wiegt. Alles gut verrühren, die Mischung auf die Förmchen verteilen und in einen Bräter stellen. Wasser zugießen, bis die Förmchen zur Hälfte darin stehen, und in den Backofen schieben. Die Flans etwa 35–40 Minuten garen. Mit einem Messer prüfen, ob sie gut sind. Dazu mit der Messerspitze in die Mitte eines Flans stechen. Wenn nichts daran kleben bleibt, sind die Flans fertig. Die Förmchen aus dem Backofen nehmen und abkühlen lassen. Dann im Kühlschrank vollständig auskühlen lassen. Zusammen mit der kalten Toma-tensauce servieren.

Pfannengerührtes Frühlingsgemüse mit grünen Gnocchi

Wenn der Frühling sich wieder zeigt mit seiner Fülle von Blumen und Verheißungen, koche ich liebend gern eine Printanière. So nenne ich mein Rezept für pfannengerührtes Frühlingsgemüse. Welches Gemüse ich nehme, hängt von meiner aktuellen Vorliebe ab und davon, was gerade frisch angeboten wird. Für die grüne Variante wähle ich allerlei grünes Gemüse und färbe die Gnocchi mit Spinat passend ein. Ich kann Ihnen versichern, dass dieses Gericht voll neuer Energie und Vitamine steckt und es nach den langen Wintermonaten richtig gut tut.

Für 6 Personen
25 Minuten

Für die grünen Gnocchi:
150 g Spinat,
gründlich gewaschen
Salz
70 g Mehl
1 EL frisch geriebener
Parmesan
1 Prise frisch geriebene
Muskatnuss
Mehl zum Bearbeiten

Für die Gnocchi den geputzten Spinat 5 Minuten in leicht gesalzenem Wasser kochen. Abgießen und die Flüssigkeit mit der Hand oder einer Gabel herausdrücken. Den Spinat fein hacken und mit Mehl, Parmesan, Salz und geriebener Muskatnuss gründlich mischen, bis die Masse sich zu einer festen Kugel formen lässt. Nicht länger als nötig bearbeiten, da sie ziemlich empfindlich ist. Den Teig in 4 Stücke schneiden und auf der mit Mehl bestäubten Arbeitsfläche 4 Rollen formen. Diese mit einem scharfen Messer in 2 cm breite Stücke schneiden und mit Mehl bestäuben. Die Gnocchi nur kurz in kochendem Salzwasser ziehen lassen. Wenn sie oben schwimmen, sind sie gar. Auf Teller verteilen und mit Olivenöl beträufeln. Mit dem Frühlingsgemüse servieren.

»

Für 6 Personen
35 Minuten

Für das Frühlingsgemüse:
200 g dicke Bohnen,
ausgepalt
Salz
Sonnenblumenöl
2 weiße Zwiebeln,
geschält und in feine
Ringe geschnitten
200 g Zuckerschoten,
geputzt
400 g frische Erbsen,
ausgepalt
1 kleine Artischocke,
geputzt (s. Tipp)
1 kleine Zucchini, geputzt
und in 4 cm lange Stifte
geschnitten
1 Stange Lauch, geputzt
und in 4 cm lange Stifte
geschnitten
1/2 Stange Staudenselle-
rie, geputzt und in 4 cm
lange Stifte geschnitten
2 Knoblauchzehen,
geschält und in dünne
Scheiben geschnitten
Blättchen von 4 Stängeln
Basilikum
frisch gemahlener Pfeffer
1 EL Zucker

>> Für das Frühlingsgemüse zuerst die dicken Bohnen 5 Minuten in Salzwasser blanchieren und dann abgießen. Mit eiskaltem Wasser abschrecken, häuten und beiseite stellen. Sonnenblumen-öl in einem Wok erhitzen und die Zwiebeln 3–5 Minuten darin dünsten, Zuckerschoten, Erbsen und Artischocke zufügen und alles 3–5 Minuten unter Rühren kräftig braten. Zucchini, Lauch, Sellerie und Knoblauch zufügen. Mit Salz und Pfeffer würzen und weitere 7–10 Minuten bei hoher Temperatur pfannenrühren. Die gehäuteten dicken Bohnen und die Basilikumblättchen zuge-ben und alles noch einmal 3 Minuten dünsten. Das Gericht nicht zu lange schmoren, damit Nährstoffe und Geschmack erhalten bleiben und das Gemüse knackig bleibt. Das Frühlingsgemüse zusammen mit den warmen grünen Gnocchi servieren.

Tipp

So putzen Sie frische Artischocken: Den Stiel der Artischocken bis auf 1 Zentimeter abschneiden. Die äußeren Blätter entfer-nen und die Spitzen der verbliebenen Artischockenblätter etwa 6 Zentimeter über dem Stielansatz abschneiden. Die Artischo-cke vierteln und die Stücke bis zum Gebrauch in Wasser mit etwas Zitronensaft legen, damit die Blätter sich nicht verfärben.

Der Duft von Lavendel und Aprikosen

Im Sommer suche ich Abkühlung am Meer und fahre gemeinsam mit Freunden mit dem Boot hinaus. Oder ich suche die Kühle der Berge und unternehme dort lange Wanderungen.

An heißen Tagen stehe ich früh auf, schon um sechs Uhr, um noch die morgendliche Kühle zu genießen. Dann mache ich die Fenster weit auf und lasse die frische Luft herein. Später schließe ich sie wieder, damit es drinnen schön kühl bleibt. Mit etwas Glück bleibt der sommerliche Duft von Rosen und Lavendel noch eine Zeit lang in den Räumen hängen.

Sommertags esse ich viel Obst und genieße Melonen, Aprikosen, Pfirsiche, Erdbeeren und Kirschen, vor allem auf meinen Obsttartes. Diese esse ich sowohl zum Frühstück als auch zum Mittagessen. Im August und September gibt es Früchte im Überfluss und jede Tarte, die ich backe, wird mit einer anderen Obstsorte belegt. Eigentlich unterscheidet sich eine Tarte kaum vom sonst üblichen französischen Frühstück mit Brot, Butter und Marmelade, denn die Zutaten sind praktisch dieselben. Aber eine Obsttarte schmeckt doch viel leckerer ...

Manchmal kaufe ich auf dem Markt zehn Kilo Obst auf einmal, um es einzumachen oder Marmelade daraus zu kochen. Einmal habe ich 52 Gläser Aprikosenmarmelade auf einmal gekocht. Und wenn Freundinnen zum Kaffee kommen, tauschen wir Marmeladengläser untereinander.

Salade aux quatre poivrons
Vierfarbiger Paprikasalat

Für 4 Personen
1 Stunde

1 rote, 1 grüne,
1 orange und 1 gelbe
Paprikaschote
Salz und frisch
gemahlener Pfeffer
2 Knoblauchzehen,
geschält und in Scheiben
geschnitten
2 EL Olivenöl

In Paprikaschoten steckt die volle Kraft der Sonne, das schmeckt man. Dieses Rezept wird entlang der Mittelmeerküste überall zubereitet, aber meist werden rote Paprika verwendet. Dieser Salat ist viel farbenfroher und hat mehr Geschmack.

Den Backofen auf 225 °C vorheizen. Die Paprikaschoten waschen und im Ganzen für 40 Minuten in den Backofen legen, bis die Haut schwarz wird und Blasen wirft. Dann herausnehmen, in eine Plastiktüte oder ein verschließbares Gefäß geben und abkühlen lassen. So lässt sich die Haut leichter abziehen. Die Paprikaschoten häuten, von Stielansatz, Samen und Scheidewänden befreien und längs in Streifen schneiden. In einer Schale anrichten, mit Salz, Pfeffer und Knoblauch würzen und mit Olivenöl beträufeln. Vor dem Servieren gut durchziehen lassen. Im Kühlschrank halten sich die Paprika, in einem sauberen Glas verschlossen, mindestens eine Woche.

Salade niçoise
Nizza-Salat

Für 4 Personen
45 Minuten

Für den Salat
8 kleine neue Kartoffeln, sauber gebürstet
250 g grüne Bohnen, geputzt
Salz
4 Eier
2 kleine Artischocken, am besten lilafarbene
Saft von 1 Zitrone
1 kleine rote Paprikaschote, geputzt und in feine Streifen geschnitten
1 Gurke, geschält und in dünne Scheiben geschnitten
1 rote Zwiebel, geschält und in dünne Ringe geschnitten
12 Kirschtomaten, halbiert
1 Staudensellerie, geputzt und in dünne Scheiben geschnitten
200 dicke Bohnen, gepalt
100 g entkernte schwarze Oliven (vorzugsweise aus Nizza)

Für das Dressing:
Saft von 1–2 Zitronen
100 ml Olivenöl
Blättchen von 1 Stängel Basilikum, fein gehackt
Salz und frisch gemahlener Pfeffer

Der Nizza-Salat ist als Hauptgericht oder Vorspeise eine der bekanntesten Spezialitäten der Stadt Nizza an der Côte d'Azur. Die saftigen Tomaten sind zusammen mit knackigen grünen Bohnen, Gurken, Oliven und Artischocken ein wahrer Genuss. Als nahrhafte Mahlzeit zum Mittag- oder zum Abendessen versetzt er Sie ganz bestimmt in fröhliche Stimmung.

Für den Salat die Kartoffeln in der Schale etwa 15 Minuten kochen. Die grünen Bohnen etwa 10 Minuten in Salzwasser garen. Die Eier wachsweich kochen. Jeweils anschließend abgießen, abschrecken und abkühlen lassen. Die Artischocken vierteln und sofort in Zitronenwasser legen.
Für das Dressing Zitronensaft, Olivenöl und Basilikum mit etwas Salz und Pfeffer verrühren. Die Kartoffeln vierteln und mit den grünen Bohnen auf einer großen Platte anrichten. Darauf Artischockenstücke, Paprikastreifen, Gurkenscheiben, Zwiebelringe, Kirschtomaten und Selleriestreifen verteilen. Den Salat mit dicken Bohnen und Oliven anrichten. Die Eier pellen, halbieren oder vierteln und den Salat damit garnieren. Zum Schluss das Dressing darübergeben.

Salade de tomates de variétés anciennes

Salat von alten Tomatensorten

Die meisten Tomaten werden heute im Gewächshaus gezogen und nicht in der prallen Sonne. Sie sind das ganze Jahr über erhältlich, haben alle den gleichen Geschmack und sehen auch gleich aus. Eine gute Alternative dazu sind natürlich Tomaten aus dem eigenen Garten, die zwar nur zu einer bestimmten Zeit geerntet werden können, dafür aber einen unvergleichlichen Geschmack haben. Doch leider besitzt nicht jeder einen eigenen Garten, in dem er Tomaten anbauen kann. Glücklicherweise sind sie aber in den letzten Jahren dank der Anstrengungen einiger engagierter Züchter wieder an den Marktständen aufgetaucht: Tomatensorten, die wirklich schmecken; und selbst alte Züchtungen in verschiedenen Farben mit einem ganz eigenen Aroma sind wieder erhältlich. Für den folgenden, etwas anderen Tomatensalat habe ich nicht nur die bekannten roten Tomaten gewählt, sondern alte Sorten gemischt. Gerade diese Mischung verleiht dem Gericht eine spezielle sommerliche Note. Natürlich können Sie das Rezept auch mit aromatischen roten Tomaten aus dem eigenen Garten oder vom Bio-Bauer zubereiten. Für eine vollständige Vorspeise können Sie eine in Scheiben geschnittene Kugel Büffelmozzarella hinzufügen. »

Für 4 Personen
10 Minuten

8 mittelgroße Tomaten,
in verschiedenen Farben
2 Frühlingszwiebeln,
geputzt und in feine
Ringe geschnitten
Blättchen von 1 Stängel
grünem oder dunkel-
rotem Basilikum, fein
geschnitten
Salz und frisch
gemahlener Pfeffer
Weißweinessig
Olivenöl

Die Tomaten kreuzweise einschneiden, mit kochendem Wasser überbrühen, häuten und achteln. Dabei Samen und Stielansatz entfernen. Die Tomatenachtel auf einer schönen Platte anrichten und mit Frühlingszwiebeln und Basilikum garnieren. Salzen, pfeffern und mit Essig beträufeln. Olivenöl großzügig darübergeben.

Soupe au pistou

Suppe mit Pistou

Die Suppe zählt zu den bekanntesten Gerichten der Provence und jede Familie hat dort ihr eigenes Geheimrezept. Pistou ist der provenzalische Begriff für Basilikum und gleichzeitig der Name für eine Basilikumpaste, die in der Provence in die Suppe gegeben oder mit Nudeln vermischt gegessen wird, so wie die Italiener es mit ihrem Pesto machen. Anders als italienisches Pesto wird Pistou nicht mit Pinienkernen hergestellt. Ich verwende diese aber trotzdem in meinem Rezept, vor allem wegen der zusätzlichen Vitamine und Mineralien. Meine Suppe mit Pistou ist als Sommergericht bei vielen meiner Freunde besonders beliebt.

Für die Suppe in einem Topf mit dickem Boden die Zwiebel in etwas Olivenöl andünsten. Gewürfelte Möhren und gepalte Bohnen zufügen und bei geringer Hitze etwa 10 Minuten anschwitzen. 2 Liter Wasser angießen. Mit Salz, Pfeffer und Kräutern würzen. Die Suppe 30 Minuten leicht köcheln lassen. In der Zwischenzeit für das Pistou Basilikum mit Knoblauch und Pinienkernen in der Küchenmaschine pürieren. Nach und nach etwas Olivenöl dazugießen, bis eine cremige Sauce entstanden ist. Pistou kalt stellen.
Grüne Bohnen und Schnittbohnen zur Suppe geben und die Suppe 15 Minuten bei starker Hitze kochen lassen. Dann die Zucchini zufügen und weitere 15 Minuten garen. Anschließend Nudeln und 2 Esslöffel Pistou zugeben und die Herdplatte ausschalten. Die Suppe mindestens 10 Minuten ziehen lassen. Sie kann auch über Nacht ziehen, dann ist ihr Geschmack noch intensiver. Die Suppe vor dem Servieren kurz erwärmen. Pistou und geriebenen Käse in Schälchen dazureichen, so dass jeder am Tisch seine Suppe selbst abschmecken kann.

Für 4 Personen
30 Minuten +
90 Minuten Kochzeit

Für die Suppe:
1 Zwiebel, geschält und fein gewürfelt
Olivenöl
2 Möhren, geputzt und fein gewürfelt
150 g frische Borlotti-Bohnen, gepalt, oder
150 g Coco-Bohnen, über Nacht eingeweicht
Salz und frisch gemahlener Pfeffer
2 TL Kräuter der Provence oder Thymian
200 g grüne Bohnen, geputzt und in 2 cm lange Stücke geschnitten
200 g Stangenbohnen, geputzt und in 2 cm lange Stücke geschnitten
1 mittelgroße Zucchini, fein gewürfelt
4 EL Muschelnudeln

Für das Pistou:
Blättchen von 2 Bund Basilikum
6 Knoblauchzehen, geschält
2 EL Pinienkerne
Olivenöl

Zum Garnieren:
50 g geriebener Parmesan
50 g geriebener alter Gouda

Mediterraner Möhrensalat

Für 4 Personen
20 Minuten

Für den Salat:
8 mittelgroße Möhren,
geputzt
2 rote Zwiebeln,
geschält und in feine
Ringe geschnitten
Blättchen von
10 Stängeln Koriander,
fein geschnitten
4 EL Rosinen

Für das Dressing:
1 EL Honig
Saft von 2 Zitronen
4 EL Olivenöl
3 cm Ingwer, geschält
und gerieben
2 TL Kreuzkümmel

Zum Garnieren:
2 TL gemahlener Zimt
2 EL Pinienkerne,
leicht geröstet

Dieses marokkanische Rezept habe ich mit einer eigenen Kräutermischung, mildem Honig und dem frischen säuerlichen Akzent der Zitrone variiert. Ein herrlicher Frühlings- und Sommersalat, der besonders gut mit frisch geernteten jungen Möhren schmeckt. Aber selbstverständlich können Sie den Salat auch im Winter essen.

Für den Salat die Möhren raspeln und mit den Zwiebeln, dem Koriander und den Rosinen mischen. Für das Dressing die Zutaten mit dem Mixstab oder dem Schneebesen verrühren. Den Salat mit dem Dressing beträufeln und mit Zimt und gerösteten Pinienkernen bestreut servieren.

Crespéou
Omelett-Torte

Diese Omelett-Torte verführt den Gaumen. Sie schmeckt, lauwarm oder kalt, hervorragend zum Mittagessen, zum Aperitif, oder auch als Vorspeise. Zuerst werden sehr feine unterschiedlich gewürzte Omeletts gebacken, die man dann wie eine Torte übereinander schichtet. Sie können diese Torte mit allen möglichen Kräutern würzen, je nach Jahreszeit. Ich habe ein Rezept mit vier verschiedenen Geschmacksrichtungen ausgewählt.

In vier verschiedenen Schüsseln die Eier mit den jeweiligen Zutaten verquirlen. In einer Pfanne mit Antihaft-Beschichtung etwas Olivenöl erhitzen. Die Mischung für das Tomaten-Omelett hineingießen und bei mittlerer Hitze 3 Minuten backen. Dabei den Deckel auf die Pfanne legen, damit das Omelett nicht zu trocken wird. Dann wenden und fertig backen. Das Omelett auf einen Teller gleiten lassen und im auf 50 °C vorgewärmten Backofen warm halten. Erneut etwas Olivenöl erhitzen und die Mischung für das Käse-Omelett hineingeben. Wie oben beschrieben backen und mit den verbliebenen Mischungen ebenso verfahren. Die fertigen Omeletts auf dem Teller übereinanderstapeln, so dass eine Torte entsteht. Diese in Tortenstücke oder Würfel schneiden und servieren.

Für 4–6 Personen
25 Minuten

Für das Tomaten-Omelett:
4 Eier
3 EL Tomatensauce (Rezept S. 56)
1 EL Paprikapulver (scharf oder süß, je nach Geschmack)

Für das Käse-Omelett:
4 Eier
1 EL Schafsfrischkäse oder Ricotta
1 EL Kurkuma

Für das Kräuter-Omelett:
4 Eier
Blättchen von 1 Bund Basilikum, gehackt
Blättchen von 1 Stängel Estragon, gehackt
6 Schnittlauchstängel, in Röllchen (oder andere frische oder getrocknete Kräuter)

Für das Oliven-Omelett:
4 Eier
3 EL Schwarze Olivenpaste (Rezept S. 25 oder Fertigprodukt)

Außerdem:
Olivenöl zum Backen

Pâtes fraîches aux légumes grillés

Frische Nudeln mit gegrilltem Gemüse

Für 4 Personen
35–45 Minuten

1 Zucchini, geputzt und
längs in 1/2 cm breite
Scheiben geschnitten
1 Aubergine, geputzt und
längs in 1/2 cm breite
Scheiben geschnitten
Salz
1 Artischocke, geputzt
Saft von 1 Zitrone
1 Tomate, geviertelt und
entkernt
frisch gemahlener Pfeffer
1 rote Paprikaschote, ge-
putzt und längs in breite
Streifen geschnitten
Olivenöl
getrockneter Thymian
oder Kräuter der Provence
1 rote Zwiebel, geschält
und geachtelt
4 Knoblauchzehen,
geschält
400–500 g frische
Nudeln
Blättchen von 1 Bund
Basilikum, grob gehackt
200 g Feta,
grob zerkrümelt

In diesem wunderbaren Gericht liegt der ganze
Geschmack des Sommers. Es lässt sich am besten
draußen unter einem Baum genießen, „à la fraîche",
wie der Provenzale sagt. Das Gemüse können Sie auf
den Holzkohlengrill legen, aber auch im Backofen
grillen und notfalls sogar in der Pfanne schmoren.

Zucchini- und Auberginenscheiben mit Salz bestreuen und die
austretende Flüssigkeit im Durchschlag abtropfen lassen. Die
Artischocken vierteln, das Heu herausschneiden und die Viertel
bis zum Gebrauch in Zitronenwasser legen. Die Tomatenviertel
mit Salz und Pfeffer bestreuen und in eine große Schüssel
geben. Abgetropfte Zucchini, Auberginen und Paprikastreifen
hinzufügen und das Gemüse mit einer Mischung aus Olivenöl
und Thymian oder Kräutern der Provence marinieren.
Den Holzkohlengrill anzünden. Wenn die Kohlen rot glühend
sind, das Gemüse in Alu-Grillschalen auflegen. Zuerst Auberginen, Artischocken und Paprika grillen. Nach 10 Minuten Zucchini, Zwiebel und Knoblauch auflegen. Nach weiteren 5 Minuten Tomaten hinzulegen. Das Gemüse etwa 15–25 Minuten
grillen, dabei ab und zu wenden.
In der Zwischenzeit die Nudeln in ca. 3 Minuten in Salzwasser
bissfest kochen. Abgießen und etwas Olivenöl unterrühren,
damit sie nicht kleben. Die Nudeln in eine große Schüssel geben
und das gegrillte Gemüse darauf verteilen. Mit Basilikum und
Feta bestreut servieren.

Spaghetti au pesto de roquette et citron

Spaghetti mit Rucola-Pesto und Zitrone

Für 4 Personen
25 Minuten

500 g Spaghetti
Salz

Für das Pesto:
150 g Rucola, gewaschen
3 Knoblauchzehen, geschält
70 g Pinienkerne
50 g geriebener Parmesan
frisch gemahlener Pfeffer
Olivenöl
50 g Parmesan, gehobelt
abgeriebene Schale
von 1 unbehandelten
Zitrone

Der Teil der Provence um Nizza herum bildet die Grenze zu Italien und wird daher stark von der Kultur des Nachbarn beeinflusst. In den provenzalischen Restaurants serviert man genauso häufig Pasta und Gnocchi wie in Italien. Hier finden Sie nun ein gesundes und frisches Spaghetti-Rezept, das ich besonders im Sommer sehr lecker finde. Dazu reiche ich gern eine Schüssel mit kleinen Ziegenfrischkäse-Rollen und ein Glas Rosé.

Die Spaghetti in kochendem Salzwasser nach Packungsanweisung bissfest garen. Inzwischen für das Pesto 120 Gramm Rucola mit dem Knoblauch, 50 Gramm Pinienkernen, dem geriebenen Parmesan, Salz und Pfeffer in der Küchenmaschine oder mit dem Mixstab pürieren. Nach und nach etwas Olivenöl zufügen, damit das Rucola-Pesto schön sämig wird.
Die fertigen Spaghetti abgießen und abtropfen lassen, dabei etwas von dem Kochwasser auffangen. Die Nudeln in einer großen Schüssel mit Rucola-Pesto, Parmesanspänen, abgeriebener Zitronenschale sowie dem restlichen Rucola und den verbliebenen Pinienkernen mischen. Evtl. etwas heißes Kochwasser unterrühren, damit die Spaghetti nicht kleben.

Petits fromages de chèvre secs en bocaux

Kleine marinierte Ziegenkäse-Stücke

Der Ziegenkäse schmeckt einfach lecker: ohne alles, auf Brot oder gerieben in der Suppe. Zur Abwechslung können Sie Ziegenkäse auch mit Kräutern oder Gewürzen marinieren und erhalten so einen ganz neuen Geschmack. Probieren Sie z. B. Bohnenkraut, Basilikum, Pfefferkörner oder Koriandersamen.

Das Olivenöl leicht erhitzen. Die Käsestücke in die Gläser geben, Lorbeerblätter, Thymian, Rosmarin und Knoblauchzehen zufügen. Mit heißem Olivenöl auffüllen, die Gläser fest verschließen und einige Wochen im Kühlschrank durchziehen lassen.

Für 2 Gläser
5 Minuten

1/2 l Olivenöl
6–8 kleine Stücke
Ziegenhartkäse
2 Lorbeerblätter
2 Stängel Thymian
2 Stängel Rosmarin
1–2 Knoblauchzehen,
geschält

Außerdem:
2 saubere Twist-off-Gläser

Conserves à l'ail

Eingelegter Knoblauch

Das Olivenöl erhitzen. In der Zwischenzeit die Knoblauchknollen in Zehen teilen, aber nicht schälen. Wenn das Olivenöl anfängt zu kochen, die Hitze reduzieren und Knoblauchzehen, Kräuter und Pfefferkörner zugeben. Die Mischung in die vorbereiteten Gläser füllen und die Deckel fest verschließen. Den Knoblauch einige Wochen an einem dunklen, kühlen Ort durchziehen lassen, dann entfaltet er sein Aroma am besten.

Für 2 Gläser
10 Minuten

1/2 l Olivenöl
2 frische Knoblauch-
knollen
1 Stängel Thymian oder
1 TL Thymianblättchen
1 Stängel Oregano
2 Lorbeerblätter
1 TL gemischte
Pfefferkörner

Außerdem:
2 saubere Twist-off-Gläser

Panisses grillées et tomates à la provençale

Gegrillte Kichererbsenfladen mit provenzalischen Tomaten

Panisses sind Kichererbsenfladen, die in der Region Var und rund um Nizza gern gegessen werden. Sie erinnern an Polenta und werden in der Pfanne gebraten, bis sie außen schön kross sind. Provenzalische Tomaten werden meist in einem Topf zubereitet, zusammen mit einer Mischung aus Petersilie, Knoblauch und Semmelbröseln. Ich backe die Tomaten lieber im Backofen – möglichst langsam und ohne Semmelbrösel.

Für 4 Personen
15 Minuten +
1 Stunde Backzeit

Für die Fladen:
650 ml Wasser oder
Gemüsebrühe
200 g Kichererbsenmehl
Salz und frisch
gemahlener Pfeffer

Für die Tomaten:
4 kleine Tomaten
Salz und frisch
gemahlener Pfeffer
2 EL feiner Kristallzucker
Olivenöl
Blättchen von 1 Bund
Petersilie, fein gehackt
6 Knoblauchzehen,
geschält und fein gehackt

Außerdem:
2 EL Olivenöl zum Braten

Für die Fladen Wasser oder Gemüsebrühe zum Kochen bringen. Mit einem Holzlöffel das fein gesiebte Kichererbsenmehl unterrühren, salzen und pfeffern. Die Masse unter ständigem Rühren etwa 10 Minuten bei geringer Hitze köcheln lassen. Sie muss so fest sein, dass sie sich vom Boden lösen lässt, aber noch sämig ist. Herausnehmen, etwas abkühlen lassen, zu einer Rolle formen und fest in Klarsichtfolie wickeln. Im Kühlschrank vollständig auskühlen lassen.
Den Backofen auf 250 °C vorheizen. Die Tomaten halbieren und mit der Schnittfläche nach oben in eine Auflaufform setzen. Mit Salz, Pfeffer und Zucker bestreuen und etwas Olivenöl darüberträufeln. Die Hälften für mindestens 45 Minuten in den Backofen stellen. Manchmal lasse ich die Tomaten noch etwas länger schmoren, bis ihr Saft leicht karamellisiert. Petersilie, Knoblauch und einige Tropfen Olivenöl verrühren und auf den Schnittflächen verteilen. Die Tomaten weitere 10 Minuten bei 220 °C backen und dann herausnehmen.
Die Kichererbsenrolle in etwa 1–1,5 Zentimeter dicke Scheiben schneiden. Olivenöl in einer Pfanne mit Antihaft-Beschichtung erhitzen und die Scheiben von beiden Seiten goldbraun und knusprig braten. Herausnehmen, auf Teller verteilen und die lauwarmen Tomaten darauf anrichten.

Tajine de pommes de terre aux citrons confits et aux olives

Kartoffel-Tajine mit eingelegten Zitronen und Oliven

Für 4–6 Personen
35 Minuten

1 kg neue Kartoffeln
Salz
Olivenöl
2 rote Zwiebeln, geschält und in Ringe geschnitten
2 TL Kreuzkümmel
2 TL Kurkuma
2 TL Zimt
2 TL Koriandersamen
4 cm frischer Ingwer, geschält und geraspelt
4 Knoblauchzehen, geschält und in Scheiben geschnitten
2 EL Honig
2 kleine eingelegte Zitronen (s. Tipp), geachtelt
2 Safranfäden, in 400 ml warmem Wasser eingeweicht
24 provenzalische Oliven oder Kalamata-Oliven
Blättchen von 1 Bund frischem Koriander, fein gehackt
2 Stängel frischer Koriander zum Garnieren

Es gibt viele Rezepte für Tajines, die orientalischen Eintopfgerichte, aber nur wenige sind vegetarisch. Diese Abwandlung eines typisch marokkanischen Rezepts bereite ich mit Kartoffeln zu. Ich mag das Gericht wegen seines tollen Geschmacks und seiner intensiven Farbe. Es ist ein wahrer Augenschmaus.

Die Kartoffeln unter fließendem Wasser gründlich bürsten, längs halbieren und 10 Minuten in Salzwasser garen, danach abgießen. Olivenöl in einer hohen Pfanne mit dickem Boden erhitzen. Darin die Zwiebeln andünsten und Gewürze, Ingwer, Knoblauch, Salz und Honig hinzugeben. Alles 5 Minuten dünsten. Anschließend die Kartoffeln zufügen, dann die Zitronenachtel und zum Schluss den Safran samt Einweichwasser. Den Deckel auflegen und das Gericht 10 Minuten kräftig schmoren lassen. Oliven und fein gehackten Koriander zufügen und weitere 5 Minuten garen. Eventuell noch mit etwas Salz, Kräutern und Honig abschmecken. Den fertigen Eintopf mit Korianderstängeln garniert servieren.

Tipp

Die eingelegten Zitronen werden in Marokko häufig für Tajines verwendet. Dafür 8–10 Bio-Zitronen heiß abwaschen und längs so vierteln, dass sie an einem Ende noch zusammenhängen. Die Schnittflächen dick mit grobem Meersalz bestreuen, die Früchte wieder zusammendrücken und eng in ein sauberes, fettfreies Gefäß mit weiter Öffnung schichten. Mit lauwarmem Wasser bis zum Rand auffüllen und die Zitronen mit einem sauberen, in Klarsichtfolie gewickelten Stein beschweren. Abdecken und vor der Verwendung an einem kühlen Ort 4 Wochen stehen lassen.

Lasagnes aux épinards
Spinatlasagne

Für 4 Personen
30 Minuten

Salz
250 g junger Spinat, gewaschen
8 grüne Lasagneblätter
150 g Ricotta oder Schafsfrischkäse
Blättchen von 8 Stängeln frischem Estragon
Blättchen von 10 Stängeln Petersilie
4 Knoblauchzehen, geschält
frisch gemahlener Pfeffer
200 g Feta, in dünne Scheiben geschnitten
1 Kugel Mozzarella, in Scheiben geschnitten
2 Stängel Estragon zum Garnieren
Olivenöl zum Beträufeln

Diese kalte Lasagne ist eine etwas leichtere Variante der üblichen warmen Lasagne. Besonders köstlich ist sie im Sommer, wenn es frischen Spinat gibt. Geben Sie wahlweise Rucola oder Parmesan hinzu. Natürlich können Sie die Lasagne auch warm servieren, zusammen mit einem grünen Salat. Dann schichten Sie die Lasagneblätter mit der Füllung in eine Auflaufform und backen die Lasagne 10 Minuten bei 220 °C im Backofen.

In einem großen Topf Salzwasser zum Kochen bringen. Die Spinatblätter darin ganz kurz blanchieren, mit dem Schaumlöffel herausnehmen und sofort in einer Schüssel mit eiskaltem Wasser abschrecken. Die Lasagneblätter in kochendem Salzwasser in etwa 10 Minuten bissfest garen. Direkt nach dem Kochen in eine Schüssel mit eiskaltem Wasser legen, damit sie nicht zusammenkleben. Ricotta oder Schafskäse mit Estragon, Petersilie und Knoblauch in der Küchenmaschine oder mit dem Mixstab pürieren. Mit Salz und Pfeffer würzen. Die Lasagneblätter aus dem Wasser nehmen und quer halbieren, so dass 16 Quadrate entstehen.
Jeden Teller folgendermaßen anrichten: Zuerst Spinatblätter, ein Lasagneblatt und etwas Ricotta-Creme übereinanderschichten, darüber wieder einige Spinatblätter, ein Lasagneblatt, etwas Ricotta-Creme legen, dann nochmals Spinatblätter und etwas Feta. Das Ganze zweimal wiederholen und oben mit einem Lasagneblatt abschließen. Darauf einige Spinatblätter und eine Mozzarellascheibe legen. Mit den Estragonblättern garnieren und mit Olivenöl beträufeln. Das Gericht kalt servieren.

Gelée de vin rosé de Provence et de fruits rouges

Gelee von provenzalischem Rosé mit roten Früchten

Für 4 Personen
25 Minuten +
12 Stunden Gelierzeit

1/4 l Rohrzuckersirup
1/4 l Rosé
100 g süße Erdbeeren,
geputzt
100 g Kirschen, entsteint
50 g Himbeeren
3 g Agar-Agar
Blätter von 1 Stängel
Basilikum, in feine
Streifen geschnitten
10 kleine Basilikumblätter

Außerdem:
1 große Kranzform

Agar-Agar ist ein natürliches Geliermittel. Es wird aus Algen hergestellt und ist zu 100 Prozent vegetarisch. Agar-Agar geliert stärker als normale Gelatine, deshalb benötigen Sie davon auch weniger. Es ist in Pulverform im Bioladen erhältlich.

Den Rohrzuckersirup mit dem Wein erhitzen. Wenn die Mischung anfängt leicht zu kochen, vom Herd nehmen. In einer großen Schüssel Agar-Agar in etwas kaltem Wasser auflösen und die warme Sirup-Wein-Mischung zugießen. Einige Kirschen, Erdbeeren und Himbeeren zum Garnieren beiseite stellen, die restlichen Früchte zusammen mit den Basilikumstreifen in die noch warme Flüssigkeit geben. Die Kranzform mit kaltem Wasser ausspülen und die Früchtemischung hineingießen. Mit Klarsichtfolie abdecken. Das Gelee 12 Stunden im Kühlschrank fest werden lassen. Anschließend vorsichtig auf eine flache Platte stürzen und mit den restlichen Früchten und den kleinen Basilikumblättern garnieren.

Milchreis mit Lavendelblüten

Für 4 Personen
50 Minuten +
15 Minuten Kühlzeit

180 g Rundkornreis,
z. B. aus der Camargue,
oder Milchreis
1 l Milch
1 Vanilleschote
80 g Zucker
einige Tropfen
Lavendelsirup
ca. 12 Lavendelblüten,
frisch oder getrocknet

Von Mitte Juni bis Ende Juli stehen in der Provence die Lavendelfelder in voller Blüte und sind wunderschön anzusehen. Auf Spaziergängen findet man ab und zu auch noch wilden Lavendel am Wegesrand, obgleich er immer seltener wird. Lavendelblüten verwenden Köche heute immer häufiger in ihren Gerichten. Auch ich habe meinem Milchreis mit Lavendelblüten und Lavendelsirup eine ganz besondere Note gegeben.

Reis mit Milch, Vanilleschote und Zucker in einem Topf mischen und bei geringer Hitze zum Kochen bringen. Etwa 45 Minuten sanft köcheln lassen. Den Topf von der Herdplatte nehmen und noch 15 Minuten warten, bis die Masse fest, aber noch schön sämig und nicht zu trocken ist. Nach dem Herunternehmen von der Herdplatte sofort 7–8 Lavendelblüten unter den Milchreis rühren und darin ziehen lassen. Achtung: Der Reis quillt beim Abkühlen weiter, daher vorher nicht zu lange kochen lassen! Den Reis im Kühlschrank vollständig abkühlen lassen. Kurz vor dem Servieren noch etwas Lavendelsirup unterrühren. Den Milchreis in dekorative Schüsselchen füllen und mit je 1 Lavendelblüte garniert servieren.

Yaourt à la grecque
Griechischer Joghurt

Für 4 Personen
10 Minuten

600 g griechischer
Joghurt
12 Muskattraubenbeeren
16 dünne Scheiben
Zuckermelone
1 Nektarine oder
1 Pfirsich, entsteint und
geachtelt
1 kleine Birne, entkernt
und geachtelt
1 reife Feige, geachtelt
4 EL flüssiger Akazien-
honig
12 Walnusshälften, grob
gehackt

Vor einigen Jahren habe ich meinen Urlaub auf den
griechischen Zykladen-Inseln verbracht. Mein tägliches
Frühstück bestand aus einem herrlich milden Joghurt
mit Sommerfrüchten und Honig. Ich möchte Ihnen
hier meine Variante des Rezeptes vorstellen.

Je 1 Viertel des Joghurts in der Mitte eines dekorativen Tellers
anrichten. Trauben, Melonenscheiben, Nektarinen- oder
Pfirsich-, Birnen- und Feigenachtel anteilig um den Joghurt
anrichten. Je 1 Esslöffel Honig darüberträufeln und mit den
Walnüssen garnieren.

Moelleux au chocolat
Zarter Schokoladenkuchen

Für 6 Personen
15 Minuten +
30 Minuten Backzeit

300 g Zartbitter-
schokolade
150 g Butter
6 Eier, getrennt
200 g feiner Kristallzucker
1 TL Zimt
1 TL Kardamom

Zum Garnieren:
Zimt und rote Früchte
oder etwas Himbeersauce

Außerdem:
Fett und Mehl für
die Form
1 rechteckige Back- oder
Auflaufform

Dieses Rezept ist in vielen Ländern längst zum Klassiker geworden und erobert Kinderherzen im Sturm. Ich habe etwas Zimt und Kardamom hinzugefügt, weil es immer wieder Spaß macht, einmal einen anderen Geschmack auszuprobieren.

Den Backofen auf 150 °C vorheizen. Die Schokolade mit der Butter bei sehr geringer Hitze schmelzen lassen. Die Eigelbe zusammen mit dem Zucker mit dem Mixer zu einer dicken Creme aufschlagen. Die Eiweiße zu steifem Schnee schlagen. Beide Massen vorsichtig unter die geschmolzene Schokolade heben. Zimt und Kardamon darüberstäuben und ebenfalls vorsichtig unterrühren. Den Teig in die gefettete und mit Mehl bestäubte Backform füllen. Den Kuchen im vorgeheizten Backofen 25–30 Minuten backen. Das Innere sollte noch etwas feucht sein und die Kruste schön knusprig. Den Kuchen aus der Form lösen, in Dreiecke schneiden und mit etwas Zimt bestäuben. Nach Belieben mit roten Früchten oder Himbeersauce anrichten.

Salade de melon au sirop de menthe

Melonensalat mit Minzsirup

Für 4 Personen
20 Minuten +
1 Stunde Kühlzeit

1 reife Zuckermelone

Für den Minzsirup:
110 ml Rohrzuckersirup
Blättchen von 4 Stängeln
frischer Minze oder
2 EL getrocknete Minze
1 Stängel frischer Minze,
grob gehackt

Zum Garnieren:
2 EL Pinienkerne,
leicht geröstet

Ein erfrischendes und leichtes Dessert mit selbst ge-
machtem Minzsirup. Sie können auch fertigen Minzsirup bei Ihrem nächsten Frankreich-Urlaub in einem
gut sortierten Feinkostgeschäft kaufen. Nehmen Sie
dann am besten einen Sirup aus eigener Herstellung.
Der Unterschied lässt sich an der Farbe erkennen:
Hausgemachter Minzsirup ist hell, und nicht giftgrün
durch die darin enthaltenen Farbstoffe. Zudem hat
er den feinen Geschmack von frischer Minze.

Für den Minzsirup den Zuckersirup zum Kochen bringen. Vom
Herd nehmen und die Minzeblättchen zugeben. Den Deckel
auflegen und die Mischung 10–15 Minuten ziehen lassen. In der
Zwischenzeit die Melone schälen, von Kernen befreien und das
Fruchtfleisch in etwa 2 Zentimeter große Würfel schneiden. Den
lauwarmen Sirup über die Melonenstücke geben, grob gehackte
Minze darauf verteilen und den Salat für mindestens 1 Stunde
an einem kühlen Ort durchziehen lassen. Vor dem Servieren mit
Pinienkernen bestreuen. Wer mag, reicht provenzalische Mandel-
kekse und einen kräftigen Weißwein dazu.

Tarte fine d'abricots aux amandes
Feine Aprikosen-Mandel-Tarte

Für 4 Personen
15 Minuten +
25 Minuten Backzeit

Für den Teig:
300 g Mehl
150 g Butter
100 g Zucker

Für den Belag:
20 Aprikosen
8 EL Rohrzucker
20 geschälte Mandeln,
frisch oder getrocknet,
halbiert

Außerdem:
Mehl zum Bearbeiten
Backpapier

Jeden Sommer können wir wieder das frische Obst der Saison genießen. Noch leckerer sind viele Früchte, wenn sie als Belag für einen knusprigen Mürbeteigboden verwendet werden. Die Kombination von Aprikosen und Mandeln eignet sich vorzüglich für diese Art Tarte, die ohne Backform gebacken wird. Daher hat sie auch eine leicht ungleichmäßige Form.

Die Zutaten für den Teig mit der Hand verkneten, bis große Krümel entstehen. Dann 1–2 Esslöffel Wasser zufügen und weiterkneten, bis der Teig sich zu einer Kugel formen lässt, die nicht zu fest, aber auch nicht zu klebrig sein sollte. In Klarsichtfolie wickeln und 30 Minuten an einem kühlen Ort ruhen lassen.
Inzwischen den Backofen auf 225 °C vorheizen. Für den Belag die Aprikosen waschen, halbieren und entsteinen. Ein Backblech mit Backpapier auslegen und mit Mehl bestäuben. Den Teig leicht ausrollen und dann auf das Backblech legen, am besten in einer länglichen Form. Die Aprikosen auf dem Teig verteilen, mit Zucker bestreuen, und zum Schluss die Mandeln darauf verteilen. Die Tarte etwa 25 Minuten im Backofen backen und noch warm servieren.

Clafoutis de cerises
Kirsch-Auflauf

Für 4 Personen
15 Minuten +
25 Minuten Backzeit

75 g Mehl
75 g gemahlene Mandeln
75 g Zucker
3 Eier
100 g weiche Butter
1 Päckchen Vanillezucker
1/4 l Milch
50 g Rohrzucker
500 g Kirschen, entsteint

Außerdem:
Fett für die Form
Mehl zum Bearbeiten
1 runde Backform
von 26 cm Ø
Alufolie

In der Provence werden jedes Jahr große Mengen an Kirschen geerntet. Im Frühling ist es immer wieder ein atemberaubender Anblick, wenn die Kirschbäume blühen und der Landschaft eine zarte, frische Farbe verleihen. Und später im Jahr ist es jedes Mal ein Fest, die Kirschen zu pflücken und von ihnen zu naschen. Clafoutis ist eine Art süßer Auflauf. Er schmeckt vorzüglich mit Kirschen. Meine Variante bereite ich mit gemahlenen Mandeln zu. Dadurch erhält der Clafoutis einen besonders feinen Geschmack.

Den Backofen auf 200 °C vorheizen. Mehl, gemahlene Mandeln und Zucker mischen und die Eier nacheinander mit dem Mixer unterschlagen. Anschließend Butter, Vanillezucker und Milch unterrühren. Den Rohrzucker in ein Schälchen schütten und die Kirschen darin wälzen. Die Früchte in der gefetteten und mit Mehl bestäubten Form verteilen. Danach den Teig über die Kirschen gießen. Den Clafoutis 30–40 Minuten im Backofen backen, bis die Kruste schön goldbraun und der Teig fest geworden ist. Falls nötig, in den letzten 5 Minuten mit Alufolie abdecken, damit er nicht zu braun wird. Lauwarm servieren.

Die Farbe von Weinbergen und Auberginen

Der Herbst ist vor allem die Saison der betörenden Farben. In dieser Zeit des Jahres wechseln die Felder ihre Färbung, da die Bauern ihr Land bestellen. Ich liebe es, dabei zuzuschauen, denn die Felder sehen dann genauso schön aus wie die Weinberge, die im Herbst in ein leuchtendes Rotbraun getaucht sind. Jahrelang genoss Wein aus der Provence kein sehr hohes Ansehen, aber mit der Zeit ist er immer besser geworden, vor allem solcher von kleinen Weingütern. Zusammen mit dem Duft der Feigenbäume bilden die Weinfeste die Höhepunkte des Herbstes. Der Herbst ist auch die Zeit, um im Wald Holz für das Herdfeuer zu sammeln. Und natürlich ist das Pilzesammeln untrennbar mit ihm verknüpft. In der Provence ist dies eine Tradition, die von manchen sehr ernst genommen wird. Jeder Sammler hat seine eigenen geheimen Stellen und man sollte es nicht wagen, in deren Nähe zu kommen... Pilze kaufe ich übrigens lieber auf dem Markt. Ich selbst ernte stattdessen gern die Nüsse von Mandel- und Walnussbäumen, die hier überall wachsen. Mandeln und Walnüsse verarbeitete ich zusammen mit Haselnüssen in meinen Salaten. Auf dem Markt werden Tomaten, Auberginen, Paprika, Bohnen, Feigen und Kürbisse noch im Überfluss angeboten. In ihnen schmecke ich die letzten Sonnenstrahlen des Sommers.

de petites
les Saint-Jacques
eure ?

Charentes.

délicieux)

Beaujouet 92

la pâte brisée.
dans une grand salad
200 gr de farine, 125
un œuf entier, du
eau de vie ...).
faire fondre du beu
ajouter au reste avec
et 1/4 de levure
ajouter et posée
et farine. ajout
cuire à th 6...

Tartelettes Tatin aux oignons Simiane

Tartelettes Tatin mit Zwiebeln aus Simiane

Die herrlichen Zwiebeln aus dem Dorf Simiane haben die gleiche längliche Form wie Bananenschalotten. Sie sind sehr mild im Geschmack. Wenn sie für diese Tarte gedünstet werden, karamellisieren sie leicht. Diese sehr feine Vorspeise schmeckt zusammen mit Herbstsalaten wie Kopfsalat, Feldsalat und Rucola noch intensiver.

Für 6 Tartelettes
15 Minuten +
30 Minuten Ruhezeit +
20 Minuten Backzeit

Für den Teig:
200 g Mehl
1 Prise Salz
100 g Butter

Für den Belag:
12 kleine Zwiebeln aus Simiane (oder Bananen-schalotten)
60 g Butter
120 g Rohrzucker oder brauner Zucker
Salz und frisch gemahlener Pfeffer
Nadeln von 3 Rosmarin-stängeln
4 EL Rosmarinhonig (oder anderer Honig)
100 ml Birnenessig (oder Apfelessig)
Olivenöl

Außerdem:
Fett für die Form
6 kleine Tartelette-Förmchen

Für den Teig das Mehl sieben und das Salz zufügen. Die Butter mit den Fingern unter das Mehl kneten. Tropfenweise so viel Wasser hinzugeben, dass ein glatter, noch leicht feuchter Teig entsteht, insgesamt etwa 2 Esslöffel. Die Schüssel mit einem sauberen Trockentuch oder Klarsichtfolie abdecken und den Teig 30 Minuten im Kühlschrank ruhen lassen.
Inzwischen den Backofen auf 250 °C vorheizen. Für den Belag Zwiebeln oder Schalotten schälen, jedoch nicht klein schneiden. Butter und Zucker auf die Tartelette-Förmchen verteilen und im Backofen in 2 Minuten schmelzen lassen. Die Schalotten in die Förmchen legen und mit Rosmarinnadeln, Salz und Pfeffer bestreuen. 25 Minuten im Backofen backen.
Den Teig ausrollen und sechs Kreise ausstechen, die etwas größer als die Förmchen sind. Die Förmchen aus dem Backofen nehmen, Honig, Essig und etwas Olivenöl über die Zwiebeln träufeln und mit dem Teig bedecken. Dabei den Teig leicht andrücken. Den Backofen auf 200 °C herunterdrehen und die Tartelettes 20 Minuten backen, bis der Teig goldbraun ist. Herausnehmen, auf Teller stürzen und noch lauwarm servieren.

La socca
Dünner Kichererbsenfladen

Für 4 Personen
10 Minuten +
30 Minuten Ruhezeit +
10 Minuten Backzeit

125 g Kichererbsenmehl
Meersalz, vorzugsweise
Fleur de Sel
frisch gemahlener Pfeffer
2 EL Olivenöl
Olivenöl für das Blech
oder die Form

Soccas sind Fladen aus Kichererbsenmehl. Sie gehören zu den Spezialitäten der Stadt Nizza. Dort werden sie auf den Märkten und in den kleinen Gassen der Altstadt angeboten. Warm und frisch gebacken sind sie ein wahrer Genuss. In Nizza werden Soccas meist in Pizzaöfen gebacken, so dass sie schön goldgelb werden. Genauso gut können Sie die Fladen bei hoher Hitze im Backofen backen.

Das Mehl in eine tiefe Schüssel geben und eine Mulde in die Mitte drücken. Da hinein 350 Milliliter Wasser gießen. Mehl und Wasser gut verrühren, bis keine Klümpchen mehr vorhanden sind und der Teig schön glatt ist. Mit Salz und Pfeffer würzen und zum Schluss das Olivenöl unterrühren. Den Teig abdecken und 30 Minuten an einem kühlen Ort ruhen lassen.
Den Backofen auf höchster Stufe vorheizen. Das gut gefettete Backblech (oder die Pizzaform) 2 Minuten in den Backofen stellen, um das Öl zu erhitzen. Dann eine Kelle Teig auf das Blech gießen und dieses zurück in den Backofen schieben. Den Fladen backen, bis er trocken und goldgelb ist. Dann herausheben, auf ein Brett legen und in Rauten schneiden. Vor dem Servieren mit Meersalz und frisch gemahlenem Pfeffer bestreuen.

Chips au pecorino
Pecorino-Chips

Für 4 Personen
10 Minuten

160 g Pecorino oder
Parmesan

Den Käse grob reiben. Eine Pfanne mit Antihaft-Beschichtung
ohne Butter oder Öl erhitzen und kleine Käse-Häufchen von
etwa 5 Zentimeter Durchmesser hineinsetzen. Diese bei mittlerer Hitze etwa 2 Minuten schmelzen lassen, wenden und auf der
Rückseite weitere 2–3 Minuten backen, bis sie goldbraun sind. Auf
einem Kuchengitter abkühlen lassen.

Canapés au céleri

Apfel- und Staudensellerie-Canapés mit Knollenselleriepüree

Für 4 Personen
65 Minuten

Für die Apfel-Canapés:
250 g Knollensellerie,
geschält und gekocht
1 EL Mascarpone
50 g Pinienkerne
4 kleine Äpfel
20 g Feta in Würfeln
einige Blätter vom
Staudensellerie

Für die Staudensellerie-
Canapés:
250 g Knollensellerie,
geschält und gekocht
50 g Gorgonzola
4 Stangen Staudensellerie

Im Spätherbst ist das Angebot an Gemüse beschränkt, selbst in der Provence. Aber ich habe ein Rezept für leicht bekömmliche Häppchen, Canapés auf Gemüsebasis, kreiert. Vor allem die Kombination von Knollensellerie mit Schimmelkäse oder Schafskäse finde ich sehr lecker.

Für die Apfel-Canapés Knollensellerie in Stücke schneiden und in der Küchenmaschine mit Mascarpone und Pinienkernen pürieren (von den Pinienkernen zuvor einige zum Garnieren beiseite stellen). Von den Äpfeln das Kerngehäuse ausstechen. Die Früchte quer in Scheiben schneiden. Die Löcher in den Scheiben mit Staudensellerieblättern abdecken. Darauf je 1 Löffel der Creme häufeln und mit 1 Feta-Würfel und 2 Pinienkernen garnieren. Für die Staudensellerie-Canapés Knollensellerie in Stücke schneiden und in der Küchenmaschine mit 30 Gramm Gorgonzola pürieren. Die Blätter des Staudenselleries in ein Schüsselchen mit kaltem Wasser legen. Die Stangen in 6 Zentimeter lange Stücke schneiden und mit Gorgonzolacreme füllen. Mit 1 Stückchen Gorgonzola und 1 fein geschnittenen Sellerieblatt garnieren. Apfel- und Staudensellerie-Canapés zusammen dekorativ auf einer Platte anrichten.

Petit cakes au fromage de chèvre, noisettes et cerfeuil

Ziegenkäse-Muffins mit Haselnüssen und Kerbel

Der Herbst die schönste Jahreszeit für ein Picknick am Meer, etwa an den Calanques in der Nähe von Marseille oder in den Hügeln der Haute-Provence. Diese Muffins lassen sich gut vorbereiten und sind einfach mitzunehmen. Mit ihrem herrlichen Geschmack geben sie der Mahlzeit eine gewisse Raffinesse. Ich ändere das Rezept immer wieder: Manchmal nehme ich einen anderen Käse, dann wieder verwende ich andere Kräuter oder füge Gemüse hinzu; so variiere ich die Muffins nach Lust und Laune.

Den Backofen auf 175 °C vorheizen. Das Mehl mit gemahlenen Haselnüssen, Hefe und Salz in einer Rührschüssel mischen. Eier zugeben und die Masse mit einem Holzlöffel verrühren. Dann Milch, Öl und geriebenen Käse zugeben. Alles gut durchrühren, bis ein glatter Teig ohne Klümpchen entstanden ist. Erst dann die restlichen Zutaten unterziehen. Den Teig in je 2 ineinandergesetzte Papierförmchen oder in ein gefettetes Muffinblech füllen. (Die Papierförmchen kann man auch in die Form stellen.) Die Muffins 20 Minuten im Ofen backen, dann die Temperatur auf 225 °C stellen und weitere 5 Minuten backen, bis sie schön goldbraun sind.

Variante

Die Haselnüsse können auch durch Walnüsse oder Mandeln ersetzt werden, und statt Ziegenkäse schmecken auch alter Gouda oder Schafskäse.

Für 10 Muffins
10 Minuten +
25 Minuten Backzeit

75 g Mehl
75 g gemahlene Haselnüsse
1/2 Päckchen Trockenhefe
1 Prise Salz
2 Eier
75 ml Milch
75 ml Öl
75 g geriebener Käse
(z. B. junger Ziegenhartkäse oder Emmentaler)
frisch gemahlener Pfeffer
30 g gehackte Haselnüsse
1 EL grober Senf
4 Stängel Kerbel
ca. 120 g Ziegenhartkäse, klein gewürfelt

Außerdem:
20 Papier-Muffinförmchen oder 1 Muffinblech
Fett für die Form

Cœurs d'artichauts gratinés au chèvre frais
Gratinierte Artischockenherzen mit Ziegenfrischkäse

Die Bewohner der Provence lieben Artischocken, vor allem die kleinen lilafarbenen, die sie roh mit einer guten Vinaigrette essen. Ich möchte Ihnen ein Rezept für eine Vorspeise vorstellen, das die beliebtesten Zutaten der Region vereint: Artischockenherzen, Ziegenkäse, Olivenöl und Oregano. Sie können diese Zutaten auch im Spätherbst genießen und voll Genuss das Gemüse essen, das in dieser Zeit frisch auf dem Markt angeboten wird: Feldsalat, Rucola, roter Blattsalat, Winterspinat und Frisée-Salat.

Den Backofen auf 220 °C vorheizen. Die Artischockenherzen abtropfen lassen, kalt abspülen und in eine Auflaufform legen. Ziegenfrischkäse zerdrücken und kleine Kügelchen formen, die in die Mulden der Artischockenherzen passen. In jede Artischocke eine Ziegenfrischkäse-Kugel legen und mit fein gehacktem Oregano, Majoran oder Thymian und Pfeffer bestreuen. Mit Olivenöl beträufeln. Die Artischockenherzen 12–15 Minuten im Ofen backen, bis der Ziegenkäse schön goldbraun ist. In der Zwischenzeit den Salat waschen, putzen und trockenschleudern. Für das Dressing Olivenöl, Essig, Kräuter der Provence, Salz und Pfeffer verrühren. Den Salat auf einer großen Platte anrichten, die gratinierten Artischockenherzen darauf verteilen und mit dem Dressing beträufeln.

Für 4 Personen
22 Minuten

370 g Artischockenherzen (Dose)
125 g Ziegenfrischkäse
Blättchen von 2 Stängeln Oregano, fein gehackt
Blättchen von 2 Stängeln Majoran oder Thymian, fein gehackt
frisch gemahlener Pfeffer
Olivenöl
300 g gemischter Salat (z. B. Feldsalat, Rucola, roter Blattsalat, Winterspinat und Frisée-Salat)

Für das Dressing:
100 ml Olivenöl
50 ml Cidre-Essig oder Weißweinessig
1 TL Kräuter der Provence
Salz und frisch gemahlener Pfeffer

Carpaccio von Birnen, Feigen und Ziegenkäse

Für 4 Personen
15 Minuten

50 g Rucola
4 feste Birnen, z. B.
Red Bartlett
8 schöne reife Feigen
100 g Ziegenhartkäse
frischer Oregano oder
Majoran
frisch gemahlener Pfeffer
Olivenöl

Für mich besteht das Glück des Herbstes aus reifen Birnen, Feigen, Pflaumen, Kastanien und den späten Melonen, die sich mit den letzten Sonnenstrahlen vollgesogen haben. In Italien habe ich die Kombination von Birnen und Käse schätzen gelernt. Hier nun meine Art, sie zu servieren.

Rucola waschen und trockenschleudern. Das Kerngehäuse der Birnen ausstechen und die Früchte quer in Scheiben schneiden. Die Feigen ebenfalls quer in Scheiben schneiden. Den Ziegenkäse fein zerkrümeln. Birnen- und Feigenscheiben auf einer großen dekorativen Platte anrichten. Rucola, Ziegenkäse und Oregano darauf verteilen. Mit Pfeffer übermahlen, etwas Olivenöl darüberträufeln und sofort servieren.

Soupe au riz, au thym et au citron

Reissuppe mit Thymian und Zitrone

Für 4 Personen
30 Minuten

200 g Rundkornreis
(z. B. aus der Camargue
oder Risottoreis)
1 Stängel Thymian
1 1/2 l Gemüsebrühe
2 Eigelb
Saft von 1 Zitrone
1/2 TL brauner Zucker
1 TL Salz
4 kleine Thymianstängel
und 4 schöne unbehan-
delte Zitronenscheiben
zum Garnieren

Diese feine Herbstsuppe eignet sich auch als Hauptgericht. In dem Fall sollten Sie als Abschluss ein
gehaltvolles Dessert servieren, wie etwa die Nusstarte
von Seite 216. Wenn das Gericht eine stärker orientalische Note bekommen soll, können Sie den Thymian
durch frischen Koriander ersetzen.

Den Reis mit dem Thymianstängel in der Gemüsebrühe zum
Kochen bringen und 20 Minuten garen. Die Eigelbe mit Zitronensaft, Zucker und Salz schaumig schlagen. Die Mischung zum
Reis geben und die Suppe noch 5 Minuten weiterkochen lassen,
um die Flüssigkeit zu binden. Die Suppe auf Suppenteller verteilen und mit Thymianstängeln und Zitronenscheiben garnieren.

Variante

Den Thymian können Sie auch durch Koriander, Basilikum oder
Dill ersetzen. Mit 2 Esslöffeln Crème fraîche wird die Suppe
noch cremiger.

Salade de fenouil aux agrumes
Fenchelsalat mit Zitrusfrüchten

Für 4 Personen
15 Minuten

2 große Fenchelknollen
1 Orange
1 Grapefruit
1 rote Zwiebel, geschält
und in feine Ringe
geschnitten
2 EL Parmesan, grob
gehobelt
Olivenöl
Salz und frisch
gemahlener Pfeffer

Zum Garnieren:
Blättchen von 2 Stängeln
Basilikum
abgeriebene Schale von
1 unbehandelten Zitrone

Dies ist ein perfekter Salat für die kalte Jahreszeit. Fenchel und Zitrusfrüchte werden auch spät im Jahr überall reichlich angeboten. Sie können den Salat aber auch im Sommer genießen: Zusammen mit einem Glas Rosé ist er sehr erfrischend.

Fenchelknollen putzen und längs halbieren. Dann in dünne Streifen schneiden. Die Zitrusfrüchte mit einem scharfen Messer schälen, dabei die weiße Haut mit entfernen. Dann über einer Schüssel die Filets zwischen den Trennhäuten herausschneiden, den dabei austretenden Saft auffangen.
Fenchelstücke auf Tellern anrichten und Orangen- und Grapefruitfilets, Zwiebelringe und grob gehobelten Parmesan darüber verteilen. Für das Dressing den aufgefangenen Saft der Zitrusfrüchte, Salz, Pfeffer und Olivenöl verrühren und über den Salat träufeln. Mit Basilikumblättchen und abgeriebener Zitronenschale garnieren.

Tipp

Auch fein geschnittene Stückchen von getrockneten Tomaten können Sie zum Garnieren verwenden.

Rote-Bete-Salat mit Chicorée und Radicchio

Für 4 Personen
15–20 Minuten

1 Chicoréestaude
1 Radicchio-Staude
1 kleine Birne
Saft von 1/2 Zitrone
150 g Roquefort
1 EL körniger Senf
50 ml Essig
100 ml Nussöl
4 kleine Knollen Rote
Bete, gekocht, geschält
und in dünne Scheiben
geschnitten
2 EL Rosinen
2 EL Haselnuss- oder Walnusskerne, grob gehackt

Dieser Salat steckt voller Vitamine und Mineralien. Zudem ist er reich an Geschmack und leicht bekömmlich. Die Kombination von hellen und kräftigen Farben macht den Salat auch optisch zu einem besonders festlichen Gericht.

Den Strunk der Stauden keilförmig herausschneiden und die Blätter ablösen. Die äußeren Blätter wegwerfen, die restlichen Blätter waschen und trockenschleudern. Von der Birne das Kerngehäuse ausstechen, die Frucht in dünne Scheiben schneiden und diese mit Zitronensaft beträufeln, damit sie sich nicht verfärben. Für das Dressing die Hälfte des Roqueforts mit einer Gabel zerdrücken und mit Senf, Essig und Nussöl verrühren. Den restlichen Roquefort in Scheiben schneiden. Rote-Bete-Scheiben mit den Chicorée- und Radicchioblättern sowie den Birnenscheiben auf einem großen Teller anrichten. Darauf Roquefort-Scheiben, Rosinen und Nüsse verteilen. Etwas von dem Dressing über den Salat geben und das restliche Dressing in einem Schälchen dazu reichen.

Champignons à l'huile d'olive
Pilze in Olivenöl

Für 3 Gläser
30 Minuten

1 kg Edelreizker (oder
andere essbare Waldpilze,
z. B. Pfifferlinge)
300 ml Olivenöl
Salz und frisch
gemahlener Pfeffer
300 ml Essig
300 ml Sonnenblumenöl
1/2 TL Pfefferkörner
1/2 TL Koriandersamen
2 Stängel Thymian
3 Lorbeerblätter
1 Stängel Fenchelgrün
3 Knoblauchzehen,
geschält und in dünne
Scheiben geschnitten

Außerdem:
3 saubere Twist-off-Gläser

Die Provençalen lieben kleine Häppchen zum Aperitif. Während der Pilzzeit suchen sie Edelreizker, weinrote Kiefernreizker oder andere essbare Milchlinge. Insgesamt gibt es an die zwanzig Arten. Sie wachsen in großer Zahl im provenzalischen Bergland und in Nadelwäldern. Zu Hause werden die Pilze vorsichtig mit einer weichen Bürste gereinigt und mit etwas Knoblauch und Petersilie in Olivenöl gedünstet. Sie schmecken aber auch in Olivenöl und Essig eingelegt ganz vorzüglich. So können Sie diese Köstlichkeit auch den ganzen Winter über noch genießen.

Die Pilze vorsichtig säubern und in Stücke schneiden. Mit ein paar Tropfen Olivenöl leicht anschmoren, damit sie Flüssigkeit verlieren. Mit Salz und Pfeffer würzen. Restliches Olivenöl, Essig und Sonnenblumenöl zusammen erhitzen, Pfefferkörner und Koriandersamen zugeben. Pilze, Kräuter und Knoblauch auf die Gläser verteilen und mit der heißen Flüssigkeit auffüllen. Die Gläser fest verschließen. Die Pilze sind im Kühlschrank einige Wochen haltbar.

Salade de pois chiches
Kichererbsensalat

Für 4 Personen
15 Minuten

400 g Kichererbsen,
(Dose)
2 kleine rote Zwiebeln,
geschält und fein gehackt
10 Stängel Schnittlauch
in feine Röllchen
geschnitten
4 Stängel Petersilie, fein
gehackt
4 Stängel frischer
Koriander oder frische
Minze, fein geschnitten
1 EL Kreuzkümmel
Salz und frisch
gemahlener Pfeffer
4 EL Olivenöl
4 EL Essig
1 EL Sesamsaat, geröstet
1 Korianderstängel zum
Garnieren

Ich liebe dieses Gericht, das in der Provence, in Spanien und Griechenland von der einfachen Landbevölkerung sehr häufig zubereitet wird. Es enthält alle wichtigen Inhaltsstoffe für eine ausgewogene Ernährung, denn Kichererbsen sind reich an Mineralien und Proteinen. Deshalb wird ihr Nährwert oft mit dem von Samen oder Getreideprodukten verglichen.

Kichererbsen, Zwiebeln und klein geschnittene Kräuter in einer Schüssel mischen. Mit Kreuzkümmel, Salz und Pfeffer würzen, Olivenöl oder Essig unterrühren. Gerösteten Sesam darüberstreuen und mit dem Korianderstängel garnieren.

Tipp

Sie können den Salat mit kalten oder lauwarmen Kichererbsen zubereiten.

Nids de poireaux
Lauchnester

Dies ist eine großartige Vorspeise, die sowohl originell als auch schön anzuschauen ist. Sie können das Gericht den ganzen Herbst und Winter über essen, bis in den Frühling hinein, wenn es wieder frischen Lauch gibt.

Für die Lauchnester fein gehackte Haselnüsse mit Estragon und abgeriebener Orangenschale vermischen und beiseite stellen. Orangensaft, Essig, Olivenöl, Senf, Salz und Pfeffer zu einem Dressing verrühren. Den Lauch putzen, das Grün kürzen, die Stangen gründlich waschen und im Ganzen für 10–15 Minuten in Salzwasser kochen. Inzwischen die Eier in ca. 6 Minuten wachsweich kochen.
Den Backofen auf 220 °C vorheizen. Für die Blätterteigstangen die Blätterteigplatten auftauen lassen. Auf die Arbeitsfläche legen und jede Scheibe in 4 Streifen schneiden. Alle Streifen mit Thymianblättchen und Rosmarinnadeln bestreuen. Je 2 Streifen zu einem Strang verdrehen und auf ein mit Backpapier ausgelegtes Backblech legen. Die Stangen 5–10 Minuten im Backofen backen, bis sie goldbraun sind.
Den Lauch abtropfen lassen und jede Stange auf einem Teller zu einem Nest formen. Die Eier pellen und in die Nester setzen. Das Haselnuss-Gemisch darüberstreuen und mit dem Dressing beträufeln. Blätterteigstangen daneben anrichten. Das Gericht lauwarm servieren.

Für 4 Personen
30 Minuten

Für die Lauchnester:
40 g Haselnusskerne, fein gehackt
2 Stängel Estragon, fein geschnitten
abgeriebene Schale und Saft von 1 unbehandelten Orange
2 EL Essig
8 EL Olivenöl
1 EL körniger Senf
Salz und frisch gemahlener Pfeffer
4 mittelgroße Stangen Lauch
4 Eier

Für die Blätterteig-stangen:
3 TK-Blätterteigplatten
Blättchen von 1 Stängel Thymian
Nadeln von 1 Stängel Rosmarin

Außerdem:
Backpapier

Trois purées de légumes
Drei Sorten Gemüsepüree

Pois cassés
Schälerbsenpüree

Für 2–4 Personen
50 Minuten

Alle Zutaten in einem Topf zusammen 45 Minuten kochen, bis alle Flüssigkeit verdampft ist und die Erbsen gar sind. Dann die Masse mit dem Mixstab pürieren und warm stellen. Das Püree eventuell mit etwas warmer Sahne oder warmem Wasser noch etwas cremiger rühren.

150 g Schälerbsen
1 Schalotte, geschält und fein geschnitten
1 Knoblauchzehe, geschält und fein geschnitten
1 Lorbeerblatt
Thymian
1 TL Kreuzkümmel
1 TL Salz
450 ml Wasser oder Gemüsebrühe
evtl. 1–2 EL warme Sahne oder warmes Wasser

Carottes au safran
Safranmöhrenpüree

Für 2–4 Personen
25 Minuten

Die Möhren in etwas Wasser mit Salz, Pfeffer und Knoblauch garen. Anschließend abgießen und die Möhren mit Crème fraîche und 1–2 Esslöffeln Safranwasser zu einer cremigen Masse pürieren. Mit Salz und Pfeffer abschmecken.

400 g Möhren, geschält und klein geschnitten
Salz und frisch gemahlener Pfeffer
2 Knoblauchzehen, geschält und fein geschnitten
1 EL Crème fraîche
einige Safranfäden, in 2 EL warmem Wasser eingeweicht

Chou rouge au romarin
Rotkohl mit Rosmarin

Für 2–4 Personen
30 Minuten

1 Schalotte, geschält und
fein geschnitten
Olivenöl
350 g Rotkohl, fein
geschnitten
50 g säuerlicher Apfel,
geschält und gewürfelt
2 Stängel Rosmarin
2 EL Crème de Cassis
Salz und frisch
gemahlener Pfeffer

Die Schalotte in etwas Olivenöl andünsten. Rotkohl, Apfelwürfel, Rosmarinstängel und Crème de Cassis zugeben. Mit Salz und Pfeffer würzen. Die Mischung etwa 20 Minuten köcheln lassen und dann mit dem Mixstab zu einem dicken Mus pürieren.

Aïoli
Knoblauchmayonnaise

Aïoli ist ein Dip, der zu verschiedenen Gerichten gereicht wird. Es passt zu Rohkostsalaten und schmeckt vorzüglich auf Brot zur Kartoffel-Bouillabaisse auf Seite 165.

Für 1 Schälchen
10 Minuten

1 Eigelb
1 EL Senf oder Mandelmus
2–3 Knoblauchzehen, geschält und durchgepresst
Sonnenblumenöl
Olivenöl

Eigelb, Senf und durchgepressten Knoblauch mit dem Schneebesen verrühren. Unter ständigem Rühren Sonnenblumen- und Olivenöl in gleichen Teilen erst tröpfchenweise, dann im dünnen Strahl dazugeben, bis eine dicke Mayonnaise entstanden ist.

Bouillabaisse de pommes de terre
Kartoffel-Bouillabaisse

Die Bouillabaisse ist die wohl bekannteste Spezialität aus Marseille. Das Gericht wird gewöhnlich mit verschiedenen Fischsorten zubereitet. In den ländlichen Gegenden der Provence ist guter frischer Fisch viel schwieriger zu bekommen. Darum gibt es dort eine Variante, die, genau wie die echte Bouillabaisse, aus Tomaten, Fenchel, Zwiebeln und Safran besteht. Nur wird der Fisch komplett durch Gemüse ersetzt. So gibt es auch Bouillabaisse-Rezepte mit Erbsen oder Spinat. Für eine vollwertige Mahlzeit bereite ich das Gericht mit Kartoffeln zu.

Das Olivenöl in einem Topf erhitzen und die Zwiebel 2 Minuten darin andünsten. Abgeriebene Orangenschale, Fenchelgrün, Fenchelsamen, Lorbeerblätter und Knoblauch zugeben. Alles 3 Minuten dünsten, dann Tomate, Chilipulver und Pastis zufügen. Die Kartoffeln dazugeben und mit Salz und Pfeffer würzen. Gemüsebrühe angießen und die Suppe 50 Minuten kochen lassen. Nun den eingeweichten Safran zugeben. Das Gericht noch etwa 10 Minuten auf niedriger Hitze köcheln lassen. Mit gehackter Petersilie oder gehacktem Fenchelgrün, geröstetem Brot, Knoblauchmayonnaise und geriebenem Käse servieren.

Für 4 Personen
20 Minuten +
1 Stunde Kochzeit

Olivenöl
1 große rote Zwiebel, geschält und fein gehackt
abgeriebene Schale von 1 unbehandelten Orange
Fenchelgrün
1 EL Fenchelsamen
2 Lorbeerblätter
4 Knoblauchzehen, geschält und durchgepresst
1 große Tomate, gehäutet und in Würfel geschnitten
1 Msp. Chilipulver
1–2 EL Pastis
700–800 g fest kochende Kartoffeln, geschält und längs geviertelt
Salz und frisch gemahlener Pfeffer
1 1/2 l Gemüsebrühe
8–10 Safranfäden, in etwas heißer Gemüsebrühe eingeweicht

Für die Beilagen:
2 Stängel Petersilie oder Fenchelgrün, gehackt
4 Scheiben geröstetes Baguette
Knoblauchmayonnaise (Rezept S. 162) oder Mayonnaise, verrührt mit 2 frisch durchgepressten Knoblauchzehen
200 g geriebener Käse nach Belieben

Kartoffelgratin mit Kräutern der Provence

Für 4 Personen
10 Minuten +
50 Minuten Backzeit

800 g fest kochende
Kartoffeln, geschält
und in dünne Scheiben
geschnitten
frische Kräuter der
Provence, gehackt
3 Knoblauchzehen, ge-
schält und durchgepresst
Olivenöl
Salz und frisch
gemahlener Pfeffer

Außerdem:
Butter oder Öl
für die Form
Alufolie zum Abdecken

Eine der berühmtesten französischen Spezialitäten
ist Gratin dauphinois, in Milch und Sahne gratinierte
Kartoffeln. Ich bevorzuge eine leichtere Variante mit
Olivenöl und Kräutern der Provence. Es ist wichtig,
dass Sie eine gute Kartoffelsorte wählen, z. B. Carlotta
oder Nicola. Die Qualität des Gemüses, und das gilt
für alle Rezepte, bestimmt die Güte des Gerichtes.

Den Backofen auf 175 °C vorheizen. Die Kartoffelscheiben dach-
ziegelartig in eine gefettete Auflaufform schichten und Kräuter
und Knoblauch darauf verteilen. Salzen, pfeffern, mit Olivenöl
beträufeln und die Form mit Alufolie abdecken. Im Backofen
40 Minuten backen. Die Alufolie entfernen, den Backofen auf
250 °C stellen und das Gratin noch weitere 10 Minuten backen,
bis die Kartoffelscheiben goldbraun und knusprig sind.

Tipp

Unter Kräutern der Provence versteht man eine Mischung aus
verschiedenen Kräutern wie Thymian, Lorbeer, Rosmarin und
Bohnenkraut. Diese Kräuter wachsen im steinigen Bergland der
Provence, das La Garrigue heißt. Es sind sehr aromatische Kräuter, die in vielen Gerichten verwendet werden.

Galette de riz trois couleurs
Dreifarbiger Reiskuchen

In der Camargue, einem Teil der Provence, wird Reis angebaut. Dieser herrliche Kuchen mit Reis aus der Camargue ist einfach in der Zubereitung. Ich gebe noch gedünstetes Gemüse hinzu und serviere einen gemischten Salat mit leckerem Dressing als Beilage. Das Dressing kann z. B. aus Cidre-Essig, Walnussöl, Salz und Pfeffer gerührt werden. Und schon haben Sie eine vollwertige, ausgewogene Mahlzeit. Die Zutaten können Sie dem Angebot der Saison anpassen: Im Frühling passt Spargel ganz hervorragend, im Herbst Knollensellerie. Mir schmeckt der Reiskuchen am besten, wenn er schön knusprig und warm serviert wird.

Für 4 Personen
40 Minuten

250 g Dreifarbenreis, oder weißer Reis mit Vollkornreis bzw. Wildreis gemischt
Salz
1 Zwiebel, geschält und in feine Ringe geschnitten
1 Knoblauchzehe, geschält und durchgepresst
Sonnenblumenöl
100 g Lauch, in feine Ringe geschnitten
100 g Knollensellerie, fein geschnitten
frisch gemahlener Pfeffer
1 Bund Schnittlauch, fein geschnitten
1 EL Thymianblätter
2 Eier, verquirlt

Reis in Salzwasser in gut 20 Minuten gar kochen. Inzwischen Zwiebel und Knoblauch in einer Pfanne mit etwas Öl andünsten. Nach ein paar Minuten das Gemüse zugeben. Mit Salz und Pfeffer würzen und die Mischung 10 Minuten bei starker Hitze braten, bis das Gemüse gar, aber noch bissfest ist.
Den Reis abgießen und in eine große Schüssel füllen. Gemüse, Kräuter und Eiermischung unterrühren. Sonnenblumenöl in einer großen Pfanne mit Antihaft-Beschichtung erhitzen, die Reismischung in die Pfanne geben und 5 Minuten backen. Den Kuchen mit Hilfe eines Deckels wenden und auf der anderen Seite weitere 5–10 Minuten backen.

Die warme Glut von Herdfeuer und Olivenöl

Der Winter dauert bei uns in der Provence von Dezember bis März. Tagsüber ist es kalt, aber trotzdem schön: Der Mistral weht die Wolken fort. Wenn ich an den Winter denke, denke ich ans Olivenpflücken. Ich selbst habe zwar keine Olivenbäume, doch einige meiner Freunde glücklicherweise schon. Nach der Ernte machen wir uns sofort auf zur nahe gelegenen Mühle, wo wir die meisten Oliven pressen lassen. Für meine Freunde ist es ein sehr emotionaler Moment, wenn sie dann die abgefüllten Flaschen in Händen halten. Sie sind sehr stolz auf ihr Olivenöl. Ich bekomme immer eine große Flasche von dem Öl geschenkt, die restlichen Oliven lege ich ein. Und ja, der Winter ist natürlich auch die Zeit der Trüffel. Ich selbst koche gern mit Trüffeln, aber ich habe sie in den Rezepten dieses Buches nicht verwendet, weil es selbst hier in der Provence schwierig ist, gute Trüffel zu bekommen. Es gibt nur wenige traditionelle Winterrezepte mit Gemüse, da das Angebot in dieser Zeit des Jahres eingeschränkt ist. Ich habe daher z. B. ein typisches Sommerrezept wie Tabouleh abgeändert und besonders viele Kerne und Nüsse zugefügt. Im Winter esse ich am liebsten Suppen, ich koche in dieser Zeit viele verschiedene Varianten. Sie schmecken nicht nur herrlich, sie wärmen mich auch an kalten Tagen schön von innen.

Farcis d'hiver

Gefülltes Wintergemüse

In vielen Kochbüchern finden sich provenzalische Rezepte für gefülltes Gemüse, aber meist mit typischem Sommergemüse wie Paprika oder Zucchini. Hier finden Sie drei kleine Rezepte für gefülltes Wintergemüse wie Zwiebel, Kohl und Kartoffeln.

Oignons farcis

Gefüllte Zwiebeln

Den Backofen auf 220 °C vorheizen. Die Zwiebeln schälen und oben einen Deckel abschneiden. Das Innere so aushöhlen, dass ein Rand von zwei Zwiebelhäuten stehen bleibt, und fein hacken. Die ausgehöhlten Zwiebeln in Salzwasser 10 Minuten garen.
In der Zwischenzeit das fein gehackte Zwiebelinnere mit Petersilie, Reis, Rosinen und Curry mischen. Öl in einer Pfanne erhitzen und die Masse etwa 10 Minuten darin dünsten. Salzen und das Ei unterrühren. Die Zwiebeln in eine gefettete Auflaufform setzen, mit der Reismasse füllen und den Deckel auflegen. Im vorgeheizten Backofen 30 Minuten backen. Bei Bedarf die Temperatur etwas herunterdrehen.

Variante

Für eine besonders orientalische Note geben Sie weitere Gewürze, z. B. Raz al Hanout (nordafrikanische Würzmischung), und gehackten frischen Koriander zu. Auch grob gehackte Mandeln passen gut.

Für 2–4 Personen
20 Minuten +
30 Minuten Backzeit

4 schöne rote Zwiebeln
Salz
Blättchen von 8 Stängeln Petersilie, grob gehackt
200 g gekochter Reis
4 EL eingeweichte Rosinen
2 TL Curry
Öl
1 Ei, verquirlt
Fett für die Form

Roulés de chou farci
Gefüllte Kohlröllchen

Für 2–4 Personen
30 Minuten +
30 Minuten Garzeit

4 grüne Wirsingblätter
Salz
2 Möhren, geputzt und
fein gewürfelt
1/2 Zucchini oder weiße
Rübe, fein gewürfelt
3 mittelgroße Kartoffeln,
geschält und fein
gewürfelt
1/2 Stange Lauch, geputzt
und fein gewürfelt
1 Zwiebel, geschält und
fein gewürfelt
Olivenöl
frisch gemahlener Pfeffer
100 g frischer Schafskäse
oder Ricotta
1 Ei, verquirlt
2 EL Kräuter der Provence
Fett für die Form

Die Kohlblätter längs halbieren und dicke Rippen flach schneiden. Die Blätter 5 Minuten in kochendem Salzwasser blanchieren, herausnehmen und abtropfen lassen. Möhren-, Zucchini-
oder Rübenwürfel, Kartoffel- und Lauchwürfel ebenfalls jeweils
getrennt 5 Minuten kochen, mit dem Schaumlöffel herausheben
und abtropfen lassen.
Den Backofen auf 180 °C vorheizen. Die Zwiebel mit etwas
Olivenöl in einer Pfanne andünsten. Die Hälfte der Kartoffeln
zugeben, dann nach und nach das andere Gemüse zufügen und
mit Salz und frisch gemahlenem Pfeffer würzen. Die restlichen
Kartoffeln pürieren und zusammen mit Schafskäse oder Ricotta,
Ei und Gewürzen unter die Gemüsemischung rühren. Die Masse
auf den ausgebreiteten Kohlblättern verteilen und diese aufrol-
len. Die Röllchen nebeneinander in eine gefettete Auflaufform
legen und etwa 30 Minuten im Backofen garen. Bei Bedarf die
Temperatur etwas herunterdrehen.

Pommes de terre farcies
Gefüllte Kartoffeln

Für 2–4 Personen
30 Minuten +
45 Minuten Garzeit

2 große Kartoffeln
Salz
Öl
300 g frische Waldpilze
(z. B. Pfifferlinge oder
Morcheln), geputzt
1 kleine Stange Lauch,
geputzt und in feine
Ringe geschnitten
150 g Brot, in etwas war-
mer Milch eingeweicht
2 Knoblauchzehen,
geschält und fein gehackt
Blättchen von 1 Bund
Petersilie, grob gehackt
1 Ei, verquirlt
50 g geriebener Parmesan
Fett für die Form

Die Kartoffeln schälen, waschen und in kochendem Salzwasser
15–20 Minuten garen. Abschrecken, etwas abkühlen lassen
und jeweils längs einen Deckel abschneiden. Die Unterteile
der Kartoffeln so aushöhlen, dass rundherum ein Rand stehen
bleibt. Öl in einer Pfanne erhitzen, die Pilze darin andünsten
und salzen. Die Lauchringe zufügen und kurz mitdünsten.
Den Backofen auf 200 °C vorheizen. Das eingeweichte Brot
ausdrücken und zusammen mit Knoblauch, Petersilie, Ei und
Parmesan zu der Pilz-Lauch-Masse geben. Die Mischung
vorsichtig durchrühren und auf die ausgehöhlten Kartoffeln
verteilen. Die passenden Deckel aufsetzen und die Kartoffeln
in eine gefettete Auflaufform setzen. Im vorgeheizten Backofen etwa 45 Minuten garen. Zu diesem Gericht schmeckt
Walnussbrot besonders lecker.

Variante

Die frischen Pilze können durch getrocknete Pilze ersetzt werden, die man kurz in etwas warmem Wasser einweichen lässt.
Es eignen sich auch tiefgefrorene Pilze oder weiße Champignons.

Haricots roses à la provençale

Provenzalische Borlotti-Bohnen

4 Personen
20 Minuten +
50 Minuten Kochzeit

1 kg frische Borlotti-
Bohnen, ausgepalt
(oder 400 g getrocknete,
24 Stunden eingeweicht)
1 Lorbeerblatt
1 Stängel Thymian
Salz
Olivenöl
1 rote Zwiebel, geschält
und in feine Ringe
geschnitten
1 große Tomate, gehäutet
und grob gewürfelt
2 Knoblauchzehen,
geschält und in Scheiben
geschnitten
1 TL Zucker
frisch gemahlener Pfeffer
Blättchen von 2 Stängeln
Oregano, gehackt

Im Sommer und bis weit in den November hinein wird auf den Märkten eine große Auswahl unterschiedlicher Bohnen angeboten, grüne und gelbe Bohnen, Bohnen, die noch ausgepalt werden müssen, Borlotti-Bohnen … Ich erinnere mich gerne daran, wie ich mit meiner Oma Mireille kleine Erbsen oder Bohnen ausgepalt habe. Eine liebe Erinnerung an eine schöne Gewohnheit, die ich zur Bohnenzeit noch immer pflege. Die Bewegung hat etwas Beruhigendes und Gemütliches.

Die Bohnen mit dem Lorbeerblatt und dem Thymian 40 Minuten in Salzwasser garen. Inzwischen Olivenöl in einer Pfanne mit dickem Boden erhitzen und die Zwiebel darin andünsten. Tomate und Knoblauch zugeben und weitere 10 Minuten dünsten. Die Bohnen abgießen, dabei etwas von dem Kochwasser zurückhalten und dies zusammen mit den Bohnen zur Tomaten-Knoblauch-Mischung geben. Mit Zucker, Salz und Pfeffer würzen. Das Gericht weitere 10 Minuten bei geringer Hitze köcheln lassen. Dann Oregano zufügen und die Bohnen warm oder lauwarm servieren.

Risotto aux champignons et au fenouil
Pilz-Fenchel-Risotto

Für 4 Personen
55 Minuten

4 EL Olivenöl
1 Zwiebel, geschält und
fein gewürfelt
200 g Fenchel, geputzt
und fein gewürfelt
200 g Waldpilze oder
Austernpilze, geputzt
Salz und frisch
gemahlener Pfeffer
200 g Rundkornreis,
aus der Camargue oder
Risotto-Reis
2 EL Kräuter der Provence
2 EL gehackte Petersilie
1 l heiße Gemüsebrühe
100 ml Weißwein
8–10 EL geriebener
Parmesan

Im Grenzgebiet von Italien und der Provence sind die Gemeinsamkeiten größer als die Unterschiede, sowohl was die Kultur als auch was die Küche angeht. Die Arbeiter aus Norditalien, die im 19. und 20. Jahrhundert in die Provence kamen, brachten ihre Rezepte und ihre kulinarischen Gewohnheiten mit. Darum gibt es in der Provence viele Gerichte mit Risotto, Gnocchi und Pasta. Dieses Risotto-Gericht ist eine winterliche Variante mit Pilzen und Fenchel. Sie können es im Sommer mit anderem Gemüse wie etwa Paprika, Tomaten oder Erbsen zubereiten.

In einer großen Pfanne 2 Esslöffel Olivenöl erhitzen. Zwiebel und Fenchel darin 10 Minuten bei niedriger Hitze unter Rühren dünsten, herausnehmen und zur Seite stellen. Die Pilze im gleichen Fett andünsten, bis die austretende Flüssigkeit verdampft ist, salzen und pfeffern. Zwiebel und Fenchel, Reis und Kräuter zufügen. Mit Salz und Pfeffer würzen. Das Ganze unter ständigem Rühren noch 5 Minuten anschwitzen und dann ein Drittel der Gemüsebrühe zugießen. Leicht köcheln lassen, dabei ab und zu umrühren, bis der Reis die Flüssigkeit aufgesogen hat. Anschließend ein weiteres Drittel der Gemüsebrühe zugießen und weiter leicht köcheln lassen, ab und zu umrühren. Das Ganze wiederholen, bis der Reis alle Flüssigkeit aufgenommen hat. Den Weißwein zufügen und das Risotto köcheln lassen, bis auch der Wein aufgenommen wurde. Das restliche Olivenöl und den Großteil des Parmesans unterrühren. Das Risotto noch weitere 10 Minuten garen, bis es schön cremig ist. Eventuell noch etwas Wasser, Parmesan oder Olivenöl unterrühren. Mit dem restlichen Parmesan bestreut servieren.

Crème de carottes aux lentilles corail et orange

Möhrencremesuppe
mit roten Linsen und Orange

In diesem Gericht werden Möhren, das wahre Wintergemüse, mit dem ausgesprochen mediterranen Geschmack von roten Linsen, Orangen und Honig kombiniert. Die satte Farbe der Suppe bringt ein wenig Sonne in die kalte Jahreszeit.

Für die Kräuterbutter die Butter mit Petersilie und Knoblauch mischen. Die Masse zu einer Rolle formen und in Klarsichtfolie wickeln. Die Kräuterbutter 1 Stunde im Kühlschrank fest werden lassen.
Für die Suppe die Möhren zusammen mit den Zwiebeln, dem Knoblauch und den roten Linsen 20 Minuten in der Gemüsebrühe kochen. Mit Salz und Pfeffer würzen. 2 Esslöffel Linsen abschöpfen und beiseite stellen. Den Topfinhalt mit dem Mixstab zu einer cremigen Suppe pürieren. Orangensaft, Honig und Sahne zufügen. Die Suppe weitere 5 Minuten kochen lassen. In der Zwischenzeit die Baguettescheiben toasten und die Kräuterbutter in dünne Scheiben schneiden. Die Suppe in tiefe Teller füllen, mit den zur Seite gestellten Linsen garnieren und nach Bedarf noch etwas Sahne darüberträufeln. Servieren Sie das getoastete Baguette mit der Kräuterbutter belegt zur Suppe.

Variante

Ersetzen Sie die Möhren durch Kürbis und geben Sie ein paar Safranfäden, die Sie zuvor in einem halben Glas heißem Wasser eingeweicht haben, in die Suppe.

Für 4 Personen
40 Minuten +
1 Stunde Kühlzeit für die Kräuterbutter

Für die Kräuterbutter:
80 g weiche Butter
Blättchen von 8 Stängeln Petersilie, fein gehackt
2 Knoblauchzehen, geschält und fein gehackt

Für die Suppe:
600 g Möhren, geschält und in feine Scheiben geschnitten
2 Zwiebeln, geschält und fein gehackt
4 Knoblauchzehen, geschält und fein geschnitten
200 g rote Linsen
1 1/2 l Gemüsebrühe
Salz und frisch gemahlener Pfeffer
Saft von 1 Orange
1 EL Honig
100 ml Sahne
4 Scheiben Baguette
ggf. Sahne zum Beträufeln

Aubergines en éventail et polenta à la châtaigne
Auberginenfächer auf Maronenpolenta

Das Rezept für die Auberginenfächer stammt von meiner Großmutter Fifi aus Nizza. Maronenpolenta ist ein Gericht aus Korsika. Obwohl es auf der Verpackung anders angegeben wird, mische ich das Maronenmehl mit Polenta, damit der Geschmack etwas milder wird.

Für 4 Personen
30 Minuten +
1 1/2 Stunden Garzeit

Für die Auberginenfächer den Backofen auf 225 °C vorheizen. Feigenscheiben, Paprikastreifen und Zucchinischeiben mit Salz und Pfeffer würzen. Die Auberginen zu Fächern schneiden, d. h. mit 1 Zentimeter Abstand jeweils bis kurz unter den Stielansatz längs einschneiden. Alle Schnittflächen salzen und pfeffern. Die Auberginen auf ein mit Olivenöl eingefettetes Backblech legen und zu einem Fächer ausbreiten. In die Zwischenräume abwechselnd Feigenscheiben, Paprikastreifen, Zwiebelringe, Zucchinischeiben und Knoblauchzehen stecken, damit die Fächer abwechslungsreich und bunt werden. Thymian- und Rosmarinstängel dazwischenstecken und etwas Olivenöl über alles träufeln. Die Auberginenfächer etwa 1 1/2 Stunden im Backofen garen und ab und zu mit etwas Wasser oder Gemüsebrühe befeuchten. Falls nötig, kurz vor dem Ende der Backzeit mit Alufolie abdecken, damit die Auberginen glänzend bleiben und nicht austrocknen.

In der Zwischenzeit für die Polenta in einem Topf Salzwasser oder Gemüsebrühe fast zum Kochen bringen. Gesiebtes Maronen- und Maismehl hineingeben und kräftig umrühren, damit sich keine Klümpchen bilden. Die Hitze reduzieren und die Mischung 15 Minuten mit einem Holzlöffel umrühren, damit der dicke Teig nicht am Topfboden ansetzt. Geriebenen Käse hinzufügen und den Teig auf vier tiefe Teller verteilen, die jeweils mit etwas Olivenöl ausgepinselt wurden. Während die Auberginen noch im Backofen garen, die Polentamasse abkühlen und fest werden lassen. Sobald die Auberginen fast gar sind, die Polentafladen in einer Pfanne mit etwas Olivenöl von beiden Seiten goldbraun braten. Auf große Teller legen und je einen gebackenen Auberginenfächer darauf anrichten.

Für die Auberginenfächer:
2 Feigen, in 2–3 cm breite Scheiben geschnitten
1 gelbe oder orange Paprikaschote, in 2–3 cm breite Streifen geschnitten
2 kleine Zucchini, in 2–3 cm breite Scheiben geschnitten
Salz und frisch gemahlener Pfeffer
4 kleine Auberginen
Olivenöl
1 rote Zwiebel, geschält und in 2–3 cm breite Ringe geschnitten
6 Knoblauchzehen, geschält
4 Stängel Thymian
4 Stängel Rosmarin
ggf. etwas Gemüsebrühe

Für die Polenta:
800–1000 ml Salzwasser oder Gemüsebrühe
200 g Maronenmehl
200 g Polenta (Maismehl)
4 EL geriebener Parmesan
Olivenöl

Gnocchi de pommes de terre, sauce aux noix
Kartoffel-Gnocchi mit Nussauce

Das Rezept für die Kartoffel-Gnocchi habe ich von meinem Cousin aus Nizza bekommen, das Rezept für die Sauce stammt von einer italienischen Freundin. Gnocchi schmecken übrigens auch hervorragend mit geschmolzenem Käse. Dazu mit geriebenem Käse bestreuen und ein paar Minuten unter den Grill stellen.

Gnocchi de pommes de terre
Kartoffel-Gnocchi

Für die Gnocchi die Kartoffeln 20–25 Minuten in der Schale garen. Dann abgießen, abschrecken und noch heiß pellen. Sie können die Kartoffeln auf eine Gabel stecken und dann pellen, wenn sie Ihnen in der Hand zu heiß sind. Die Kartoffeln zu Püree stampfen und salzen. Mehl und Muskatnuss unterrühren, bis sich der Teig zu einer festen Kugel formt, die nicht klebt. Den Teig in vier Teile schneiden und auf einer mit Mehl bestäubten Arbeitsfläche 4 lange dünne Rollen formen. Die Rollen mit einem scharfen Messer in 2 Zentimeter breite Stücke schneiden und mit etwas Mehl bestäuben. Bis zur weiteren Verarbeitung abgedeckt kühl stellen. Die Nussauce zubereiten (Rezept S. 196). Kurz vor deren Fertigstellung die Gnocchi in kochendes Salzwasser geben. Wenn sie oben schwimmen, sind sie gar. Aus dem Topf heben, abtropfen lassen und auf Teller verteilen. Mit der Sauce anrichten. ››

Für 4 Personen
40 Minuten

4 große mehlig kochende
Kartoffeln, gut gewaschen
200–300 g Mehl
Salz
frisch geriebene
Muskatnuss
Mehl zum Bearbeiten

Sauce aux noix

Nusssauce

Für 4 Personen
25 Minuten

125 g Walnusskerne,
grob gehackt
1 Stückchen Butter
1/8 l Gemüsebrühe
Salz und
frisch gemahlener Pfeffer
125 g Crème fraîche
einige Walnusshälften
zum Garnieren

Für die Nusssauce die gehackten Walnüsse in der Butter rösten, bis sie schön duften. Die Gemüsebrühe zugießen und einkochen lassen. Salzen, pfeffern und die Crème fraîche unterrühren. Die Sauce noch weitere 2–3 Minuten bei geringer Hitze köcheln lassen. Die Sauce über die Gnocchi geben. Zum Garnieren noch einige Walnusskerne darüberstreuen.

Boulettes de tofu à la sauce provençale
Tofubällchen in provenzalischer Sauce

Dies ist die vegetarische Variante eines Gerichts, das im gesamten Mittelmeerraum zu finden ist. Ich habe es abgeändert und bereite es mit Tofu zu. Tofu ist eine großartige Alternative zu Fleisch, da es pflanzliche Proteine enthält. Sein neutraler Geschmack lässt das Aroma der Kräuter, des Knoblauchs und der übrigen Zutaten besonders gut zur Geltung kommen.

Die Zwiebel in etwas Olivenöl andünsten. Tofu und Knoblauch zugeben und mitdünsten, bis ein Großteil der austretenden Flüssigkeit verdampft ist. Danach das Gemisch zusammen mit den Kräutern und den Pinienkernen pürieren. Mit Salz und Pfeffer würzen. Die Masse in ein feinmaschiges Sieb geben, mit Alufolie abdecken und beschweren, z. B. mit 2 Tellern. 30 Minuten abtropfen lassen, bis die überschüssige Flüssigkeit abgelaufen ist. (Sie können die Masse auch mit den Händen ausdrücken.) Den Backofen auf 200 °C vorheizen. 50 Gramm Semmelbrösel unter die Tofumasse kneten und die restlichen Brösel auf einen Teller geben. Mit feuchten Händen aus der Tofumasse Bällchen formen und diese in den Semmelbröseln wälzen. Die Tomatensauce in eine Auflaufform gießen und die Bällchen hineinlegen. Diese mit geriebenem Parmesan bestreuen und 25 Minuten im Backofen überbacken. Vor dem Servieren fein geschnittene Basilikumblätter über das Gericht streuen.

Für 4 Personen
50 Minuten +
25 Minuten Garzeit

1 Zwiebel, geschält
und fein geschnitten
Olivenöl
500 g Tofu, grob gehackt
2 Knoblauchzehen, ge-
schält und grob gehackt
Blättchen von
3 Stängeln frischer Minze,
grob gehackt
Blättchen von 10 Stängeln
Petersilie, grob gehackt
Blättchen von 2 Stängeln
Basilikum, grob gehackt
30 g Pinienkerne
Salz und frisch
gemahlener Pfeffer
100 g Semmelbrösel
40 g geriebener Parmesan
1 Glas Tomatensauce
(Rezept S. 56)
Blättchen von 1 Stängel
Basilikum, in feine
Streifen geschnitten
zum Garnieren

Lauwarmer Salat von grünen Linsen

Für 4 Personen
35 Minuten

Für den Salat:
400 g grüne Linsen
1 Knoblauchzehe,
geschält und gehackt
1 Lorbeerblatt
1 Gewürznelke
200 g weicher, geräucherter Tofu in Scheiben
Olivenöl
1–2 Schalotten, geschält
und fein gewürfelt
Blättchen von 8 Stängeln
Kerbel, fein gehackt
1 Stängel Kerbel zum
Garnieren
100 g gemischte
Blattsalate oder Rucola
1 gekochte Rote Bete,
geraspelt

Für das Dressing:
1 EL körniger Senf
6 EL Feigen- oder
Cidre-Essig
6 EL Walnuss- oder
Haselnussöl
6 EL neutrales Öl
Salz und frisch
gemahlener Pfeffer

Außerdem:
etwas Walnuss- oder
Haselnussöl zum
Beträufeln

Linsen gehören zu den Hülsenfrüchten, die überall im Mittelmeerraum viel gegessen werden. Linsen sind genauso nahrhaft wie Getreide, darum ist dieses Gericht eine sättigende, ausgewogene Mahlzeit voller Proteine.

Für den Salat die Linsen in reichlich kochendem Wasser mit Knoblauch, Lorbeerblatt und Nelke in etwa 30 Minuten bissfest garen. Inzwischen die Tofuscheiben in etwas Olivenöl von beiden Seiten goldbraun backen. Die Linsen abgießen und sofort mit Schalotten und Kerbel mischen. Die Zutaten für das Dressing verrühren und mit den Linsen mischen. Salatblätter oder Rucola auf einer großen Platte verteilen, den lauwarmen Linsensalat zusammen mit der geraspelten Roten Bete und den Tofuscheiben darauf anrichten und mit etwas Nussöl beträufeln.

Taboulé d'hiver à l'épeautre et aux graines

Winterliches Tabouleh mit Dinkel und Kernen

Für 4 Personen
20 Minuten +
1–2 Stunden Kühlzeit

200 g Dinkel- oder Kammut-Bulgur (Bioladen)
1 rote Zwiebel, geschält und fein gewürfelt
je 1 EL Orangeat und Zitronat, gehackt
abgeriebene Schale von 1/2 unbehandelter Zitrone
je 1 EL Haselnüsse, Walnusskerne, Mandeln, Pistazien und Kürbiskerne, grob gehackt
12 entsteinte schwarze Oliven, in feine Ringe geschnitten
Blättchen von 1 Bund Petersilie, grob gehackt
Saft von 1 Zitrone
Salz und frisch gemahlener Pfeffer
Olivenöl

Für dieses Tabouleh habe ich mich von einem libanesischen Rezept inspirieren lassen und es der Jahreszeit angepasst. Normalerweise gibt es im Winter keine frischen Tomaten und Gurken, aber die gehören eigentlich in die libanesische Variante. Ich bereite dieses Tabouleh gern mit Dinkel oder mit dem ursprünglich aus Ägypten stammenden Getreide Kammut zu. Sie können das Tabouleh als Vorspeise oder auch als Hauptgericht servieren. Dazu passt beispielsweise der lauwarme Salat von grünen Linsen (Rezept S. 200).

Den Bulgur nach Packungsanweisung in 10–15 Minuten garen und abkühlen lassen. Zwiebel, Orangeat, Zitronat, Zitronenschale, Kerne, Oliven und Kräuter daruntermischen. Das Tabouleh mit Zitronensaft, Salz und Pfeffer würzen, etwas Olivenöl unterrühren und 1–2 Stunden durchziehen lassen. Kalt servieren.

Variante

Anstelle von Dinkel-Bulgur können Sie auch Weizen-Bulgur verwenden und die Petersilie lässt sich gut durch andere frische Kräuter wie Estragon, Rucola, Kerbel und Koriander ersetzen.

Tajine de potimarron et de figues
Kürbis-Feigen-Tajine

Für 4 Personen
35 Minuten

2 Knoblauchzehen,
geschält
1 cm frischer Ingwer,
geschält
2 TL Raz el Hanout
(nordafrikanische
Gewürzmischung)
Olivenöl
2 rote Zwiebeln, geschält
und in Ringe geschnitten
1 Msp. Harissa oder
Piment nach Geschmack
1 kg Kürbis, z. B.
Hokkaido, geschält und
in 2 cm große Würfel
geschnitten
Blättchen von 1 Bund
frischem Koriander, fein
gehackt
Salz und frisch
gemahlener Pfeffer
500 g frische Feigen
(oder 250 g Trockenfei-
gen, in Tee eingeweicht),
halbiert
100 g Crème fraîche oder
griechischer Joghurt
Blättchen von 2 Stängeln
Koriander, fein geschnit-
ten zum Garnieren

Hier stelle ich Ihnen noch ein orientalisches Eintopf-
gericht vor. Die Konsistenz der Hokkaido-Kürbisse äh-
nelt der von Maronen. Die Feigen geben dem Gericht
einen lieblichen Geschmack. Dieses Tajine gehört zu
meinen Lieblingsgerichten. Sie können es mit Couscous servieren, unter das Sie nach dem Quellen etwas
Olivenöl und Kreuzkümmel rühren.

Knoblauch, Ingwer und Raz al Hanout in der Küchenmaschine
pürieren. Olivenöl in einem großen Topf mit dickem Boden
erhitzen und die Zwiebeln darin andünsten. Die Knoblauchmi-
schung und Harissa oder Piment dazugeben und kurz mitdünsten. Dann Kürbiswürfel und Koriander zufügen. Alles gut
durchrühren und mit Salz und Pfeffer würzen. Die Mischung
etwa 10 Minuten kräftig anbraten. Feigen und die Hälfte der
Crème fraîche oder des Joghurts zugeben. Das Gericht weitere
5–10 Minuten unter Rühren braten. Den Rest Crème fraîche oder
Joghurt mit dem fein geschnittenen Koriander und etwas Salz
und Pfeffer verrühren und zum warmen Eintopf servieren.

Compôte pommes-poires mi-cuite

Kompott von geschmorten Äpfeln und Birnen

Für 4 Personen
20 Minuten

3 Äpfel, z. B. Royal Gala
2 feste Birnen,
z. B. Williams
2 EL Olivenöl oder
1 kleiner Würfel Butter
1 Vanilleschote, aufge-
schlitzt und in 4 Stücke
geschnitten
50 g Zucker

Äpfel und Birnen waschen und trockenreiben. Jede Frucht in 8 Stücke schneiden, dabei das Kerngehäuse entfernen. Olivenöl oder Butter in einem Stieltopf erhitzen und die Obststücke zusammen mit Vanille und Zucker hineingeben. Die Früchte unter ständigem Rühren 10–15 Minuten bei hoher Temperatur karamellisieren, bis sie goldbraun, aber noch fest sind.

Tarte Tatin de figues

Tarte Tatin mit Feigen

Die Tarte Tatin ist eines der traditionellsten französischen Gerichte. Meist handelt es sich um eine gestürzte Tarte mit Äpfeln, ich stelle Ihnen eine Variante mit Feigen vor.

Für 6 Personen
15 Minuten +
30 Minuten Kühlzeit +
40–45 Minuten Backzeit

Für den Teig:
200 g Mehl
100 g weiche Butter
50 g feiner Kristallzucker

Für den Belag:
1 kg frische Feigen
100 g weiche Butter
100 g brauner Zucker
Zimt

Außerdem:
1 Tarteform
Mehl zum Bearbeiten

Für den Teig die Zutaten mit der Hand verkneten, bis sich große Krümel bilden. Dann etwa 1–3 Esslöffel Wasser zufügen und den Teig weiterkneten, bis er sich zu einer Kugel formen lässt, die weder zu trocken noch zu klebrig sein sollte. In Klarsichtfolie wickeln und 30 Minuten an einem kühlen Ort ruhen lassen. Den Backofen auf 225 °C vorheizen. Für den Belag die Feigen waschen und längs halbieren. Die Butter in der Backform verstreichen und mit Zucker und Zimt bestäuben. Die Feigen mit der Schnittfläche nach oben darauf verteilen. 20 Minuten im Backofen garen, bis sie weich sind und ihr Saft ausgetreten ist. Falls die Feigen zu trocken sind, ein wenig Wasser zufügen. Inzwischen den Teig auf einer mit Mehl bestäubten Arbeitsfläche ausrollen und einen Kreis ausschneiden, der rundherum 2 Zentimeter größer ist als die Backform. Die Form aus dem Ofen nehmen, die Teigplatte auf die Feigen legen und gut andrücken, vor allem am Rand. Die Tarte etwa 20 Minuten im Backofen backen, dann ist der Teig goldbraun und der Saft der Feigen fängt an zu karamellisieren. Eine große Kuchenplatte auf die Backform legen und das Ganze stürzen, so dass die Tarte umgedreht aus der Form kommt. Die Tarte Tatin lauwarm servieren.

Variation von Zitronentarte

Für 6 Personen
20 Minuten

150 g Zitronenmarmelade
150 g gemahlene Mandeln
1 EL Zitronat, gehackt
2 Kokosmakronen oder
12 Amarettini
1 EL Orangenblütenwasser
150 g Ricotta
Kerne von 1 Granatapfel
6 breite Streifen unbehandelte Zitronenschale zum Garnieren

Diese Nachspeise erinnert ein wenig an Tiramisu mit Zitrone. Sie können das Gebäck auch mit Likör anstelle von Orangenblütenwasser beträufeln und statt Zitronenmarmelade Orangenmarmelade oder Zitronenkonfitüre verwenden.

Die Zitronenmarmelade bei niedriger Temperatur erwärmen. Gemahlene Mandeln und Zitronat zufügen. Alles zu einer weichen Creme verrühren. Makronen oder Amarettini zerbröseln und mit Orangenblütenwasser beträufeln. Die Krümel auf 6 Gläser verteilen. Etwas Zitronencreme und etwas Ricotta daraufgeben. Die Schichten wiederholen und mit Ricotta abschließen. Mit Granatapfelkernen bestreuen und mit Streifen von Zitronenschale garnieren.

Nusstarte mit Lavendelhonig

Für 6–8 Personen
25 Minuten +
30 Minuten Kühlzeit +
40 Minuten Backzeit

Für den Teig:
200 g Mehl
1 Prise Salz
100 g Butter

Für den Belag:
200 g Lavendelhonig
200 g Crème fraîche
je 200 g Mandeln, Walnuss-, Haselnuss- und Pinienkerne, grob gehackt
3 Eier, getrennt
1 Msp. Salz
50 g Walnusshälften zum Garnieren

Außerdem:
1 Tarteform
Fett und Mehl für die Form
Mehl zum Bearbeiten

Ein traditionelles provenzalisches Rezept für den Herbst, die Zeit der Nüsse, oder für den Winter, wenn es wenig frisches Obst gibt. In dieser Tarte finden sich verschiedene Nüsse und Kerne: Pinienkerne, Walnüsse, Mandeln und Haselnüsse. Sie alle sind reich an Mineralien und Vitamin B und besonders wichtig für ein Leben ohne Fleisch und Fisch. Der Honig unterstreicht noch den Geschmack der Nüsse und macht die Tarte zu einem besonderen Genuss zum Tee.

Für den Teig das Mehl in eine Rührschüssel sieben und Salz zugeben. Mit den Händen die Butter unter das Mehl kneten und tropfenweise ein wenig Wasser zufügen, insgesamt etwa 2 Esslöffel, bis ein fester, aber nicht zu krümeliger Teig entsteht. Die Schüssel mit einem sauberen Trockentuch oder Klarsichtfolie abdecken und den Teig 30 Minuten im Kühlschrank ruhen lassen. Inzwischen den Backofen auf 200 °C vorheizen. Die Form einfetten und mit Mehl bestäuben. Für den Belag Honig in einem Stieltopf erhitzen. Crème fraîche, gehackte Nüsse und Kerne und die Eigelbe dazugeben. Alles gut verrühren und den Topf von der Herdplatte nehmen. Die Eiweiße in einer fettfreien Schüssel mit etwas Salz steif schlagen und vorsichtig unter die Honig-Nuss-Mischung heben.

Den gekühlten Teig noch einmal durchkneten, auf bemehlter Fläche ausrollen und die Backform damit auslegen, dabei einen Rand hochziehen. Den Belag auf dem Teig verteilen und die Tarte 35–40 Minuten im Backofen backen. Kontrollieren Sie, ob sie gar ist, indem Sie mit einer Messerspitze in die Mitte stechen. Wenn kein Teig kleben bleibt, ist die Tarte fertig gebacken. Die Walnusshälften auf der Tarte verteilen und diese dann noch etwa 5 Minuten weiterbacken, bis sie goldbraun ist.

Mandel-Zitronen-Tarte

Der Geschmack dieser Tarte hat eine leicht spanische oder nordafrikanische Note. Sie hält sich – an einem kühlen Ort – einige Tage.

Für 6 Personen
20 Minuten +
30 Minuten Kühlzeit +
20–25 Minuten Backzeit

Für den Teig:
200 g Mehl
100 g weiche Butter
1 Prise Zimt
1 Prise Salz

Für den Belag:
3 unbehandelte Zitronen
80 g weiche Butter
150 g gemahlene Mandeln
150 g feiner Kristallzucker
4 Eier, getrennt
Orangenblütenwasser, nach Geschmack
Puderzucker zum Bestäuben

Außerdem:
Mehl zum Bearbeiten
1 Tarteform
Fett und Mehl für die Form

Für den Teig die Zutaten mit den Händen zu großen Krümeln verkneten. Dann etwa 1–3 Esslöffel Wasser zufügen und weiterkneten, bis der Teig sich zu einer Kugel formen lässt, die weder krümelig noch klebrig ist. Den Teig in Klarsichtfolie wickeln und 30 Minuten an einem kühlen Ort ruhen lassen.
Inzwischen den Backofen auf 200 °C vorheizen. Für den Belag die Schale von den Zitronen raspeln (ohne das Weiße) und die Früchte dann auspressen. Die Butter bei niedriger Hitze schmelzen. In einer großen Schüssel gemahlene Mandeln mit Zucker, abgeriebener Zitronenschale, Zitronensaft und Butter mischen. Die Eigelbe zugeben und die Masse kräftig durchrühren. Eiweiße zu Schnee schlagen und vorsichtig unterheben.
Je nach Geschmack noch einige Tropfen Orangenblütenwasser für eine feine orientalische Note zufügen. Den Teig auf bemehlter Fläche ausrollen und die gefettete und bemehlte Backform damit auslegen, dabei einen Rand hochziehen. Den Teig an einigen Stellen mit einer Gabel einstechen. Die Masse für den Belag daraufgießen und die Tarte 30–40 Minuten im Backofen backen, bis sie schön goldgelb ist. Kontrollieren Sie, ob die Tarte gar ist, indem Sie mit einer Messerspitze in die Mitte stechen. Wenn kein Teig kleben bleibt, ist sie fertig gebacken. Die Tarte abkühlen lassen und kurz vor dem Servieren mit Puderzucker bestäuben.

Nougat de ricotta

Ricotta-Pudding mit Honig, Nüssen und Früchten

Für 4 Personen
25 Minuten +
2 Stunden Gelierzeit

4 g Agar-Agar
100 g Honig
100 g Mascarpone
1 EL Walnusskerne
1 EL Mandeln
2 EL geschälte Pistazien
2 EL Pinienkerne
5 getrocknete Aprikosen
3 getrocknete Feigen
2 getrocknete Pflaumen
250 g Ricotta

Diese Nachspeise voll unterschiedlicher Aromen gehört zu meinen Lieblingsgerichten, da hier cremiger Ricotta und milder Honig mit dem vollen Geschmack von Nüssen und Trockenfrüchten kombiniert werden. Agar-Agar ist ein natürliches Geliermittel und wird aus Algen hergestellt.

Agar-Agar in 1 Esslöffel kaltem Wasser auflösen. Honig zusammen mit dem Mascarpone bei geringer Hitze erwärmen und das Agar-Agar unterrühren. Nüsse, Kerne und Trockenfrüchte fein hacken. Ricotta mit der Honig-Mascarpone-Mischung verrühren und zwei Drittel der Nuss-Frucht-Mischung dazugeben. Die Masse auf 4 Schälchen verteilen und mindestens 2 Stunden im Kühlschrank fest werden lassen. Sie können auch ein Sorbet herstellen, indem Sie die Schälchen für 2 Stunden in den Gefrierschrank stellen. Je 1 Pudding auf 1 Teller stürzen und mit der restlichen Nuss-Frucht-Mischung bestreuen.

Tipp

Zu dem Dessert können Sie als Getränk einen vollen süßen Weißwein anbieten.

Confiture de figues

Feigenmarmelade

Für 3 Gläser
5 Minuten +
24 Stunden Ruhezeit +
3 Stunden Kochzeit

1 kg Feigen
750 g Zucker
1 Vanilleschote oder
1 Päckchen Vanillezucker

Außerdem:
3 saubere Twist-off-Gläser

Am Vortag die Feigen halbieren, in eine Schüssel legen, mit einer dicken Schicht Zucker bestreuen und über Nacht abgedeckt stehen lassen. Am nächsten Tag Feigen mit dem Zucker verrühren, der nun größtenteils geschmolzen ist. Die Mischung in einen großen Topf mit dickem Boden geben, die aufgeschlitzte Vanilleschote oder den Vanillezucker zufügen und alles bei niedriger Hitze köcheln lassen, bis die Früchte leicht karamellisieren. Wenn ein Tropfen Marmelade auf einem kalten Teller andickt, können Sie den Herd ausschalten. Die Marmelade auf die Gläser verteilen und gut verschließen. Die Gläser einige Zeit umgedreht stehen lassen, damit sich ein Vakuum bildet. Die Marmelade ist 1–2 Jahre haltbar.

Tipp

Ich lasse die Marmelade meist 2–3 Stunden köcheln, bis die Flüssigkeit verkocht ist und die Früchte sich voll Zucker gesogen haben. Darum nehme ich auch weniger Zucker, als in den meisten Rezepten angegeben ist.

Liqueur de verveine
Eisenkrautlikör

Für 1 Liter
20 Minuten +
3 Monate bis 2 Jahre
Reifezeit

1 Liter Fruchtalkohol
60 Stück Würfelzucker
60 Blätter frisches
Eisenkraut
1 Vanilleschote, halbiert
1 Zimtstange

Außerdem:
1 dekorative saubere
Literflasche mit
Schraubverschluss

Alle Zutaten in einem großen Topf mischen, den Deckel auflegen und die Mischung für 1 Monat an einem dunklen, kühlen Ort ziehen lassen. Durch ein Sieb in eine dekorative Flasche gießen und den Likör für 2–3 weitere Monate reifen lassen. Sie können den Likör dann trinken, aber ich bevorzuge Liköre, die 1 oder 2 Jahre alt sind, da sie einen viel feineren und angenehmeren Geschmack haben.

GEYER FRÈRES
MAISON FONDÉE EN
1895

Liqueur
de
Verveine
2002

Register

Frühling

Sommer

Herbst

Winter